EMIL SCHMIDT

Übungsbuch Stundenastrologie

Suchen und Finden mit dem Horoskop

ISBN 978-3-937077-41-3
© astronova Tübingen, 2010

Das gesamte Werk ist im Rahmen des Urheberrechtsgesetzes geschützt. Jegliche vom Verlag nicht genehmigte Verwertung ist unzulässig. Dies gilt auch für die Verwertung durch Film, Funk, Fernsehen, fotomechanische Wiedergabe, Tonträger jeglicher Art, elektronische Medien sowie für den Nachdruck und die Übersetzung.

Die Horoskopgrafiken wurden mit Sarastro erstellt.
Druck: SDL Schaltungsdienst, Berlin
Umschlag: Judith Hamann, Tübingen
Foto © istockphoto.com

Nur direkt zu beziehen über:
astronova Versand. Postfach 1250, D-72002 Tübingen
www.astronova.com

Inhalt

Vorwort 15
Einleitende Hinweise 19
Prolog 21
    Die Häuser 21
    Die Planeten 21
    Die Häuserherrscher 23
    Die Aspekte 25
Kapitel I: Die Analyseschritte 1 bis 5 30
    Schritt 1: Die Fragestellung 30
    Schritt 2: Der Zeitpunkt der Frage 31
    Schritt 3: Der Ort der Fragestellung 33
    Schritt 4: Die Erstellung des Suchhoroskops 33
    Schritt 5: Die Signifikatoren 35
    Pilotbeispiel 1: Werde ich meine Katze wiedersehen? ..40
Kapitel II: Weitere Fachbegriffe 42
    Dispositoren 42
    Besondere Aspekte – Antiszie und Gegenantiszie 43
    Verbrennungen von Signifikatoren durch die Sonne ..47
Kapitel III: Der Analyseschritt 6 – Die Checkliste 49
    Schritt 6: Die Checkliste 49
    Übungshoroskop 1: Finde ich meine Handtasche wieder? 54
    Übungshoroskop 2: Habe ich die Chance, meinen Schlüsselbund wieder zu finden? 55
    Übungshoroskop 3: Wo ist mein Hausschlüssel? 56
    Übungshoroskop 4: Kommt dieser Brief noch an? 57
Kapitel IV: Die Analyseschritte 7 – 9 58
    Schritt 7: Selbst suchen oder gefunden werden? 58

Schritt 8: Die Örtlichkeiten für das Gesuchte – am Boden oder oben oder wo sonst? 60
Schritt 7 und 8 angewandt auf Pilotbeispiel 1 61
Schritt 7 und 8 angewandt auf Übungshoroskop 1 62
Schritt 9: Die Himmelsrichtungen für das Gesuchte....64

Kapitel V: Der Analyseschritt 10 – Besonderheiten........66

Besonderheit A: Eingeschlossene Zeichen.....................66
Pilotbeispiel 2: Wo ist mein Briefumschlag mit dem Geld? 66
Übungshoroskop 5: Finde ich mein Schreibetui wieder?....................71
Besonderheit B: Die wechselseitigen Rezeptionen 72
Pilotbeispiel 3: Wo ist der Vertrag für den Weihnachtsmarkt?.................76
Übungshoroskop 6: Wo ist der Gartenschlüssel? 80

Kapitel VI: Weitere Übungsbeispiele............................82

Übungshoroskop 7: Wo ist der Schlüssel zum Sekretariat?....................84
Übungshoroskop 8: Wo sind die Belege für das Finanzamt? 85
Übungshoroskop 9: Wo ist die Mappe mit den Klausuren?....................86
Übungshoroskop 10: Wo ist meine wertvolle Uhr? 87

Kapitel VII: Der Analyseschritt 11 - Die Transsaturnier Uranus, Neptun und Pluto..89

Wer sind die drei, Uranus, Neptun und Pluto?............89
Die Bedeutung von Uranus, Neptun und Pluto im Suchhoroskop 91
Pilotbeispiel 1 mit Transsaturniern................................94
Übungshoroskop 4 mit Transsaturniern.......................95
Übungshoroskop 5 mit Transsaturniern.......................96
Übungshoroskop 6 mit Transsaturniern.......................97

Übungshoroskop 7 mit Transsaturniern..................98
Übungshoroskop 8 mit Transsaturniern..................99
Übungshoroskop 9 mit Transsaturniern..................100
Übungshoroskop 10 mit Transsaturniern................101
Übungshoroskop 11: Wo habe ich den PC-Ausdruck
für das Auto hingelegt?...............................102
Übungshoroskop 12: Habe ich die Quittung noch
und falls ja, wo?.....................................103

Kapitel VIII: Der Analyseschritt 12 -
Die Mondknotenachse 105

A. Grundsätzliches über die Mondknoten...............105
B. Die Mondknoten in Konjunktion mit
Signifikatoren..107
C. Die Mondknoten in Konjunktion mit einer
Hauptachse..109
D. Die Mondknoten in Konjunktion mit einer
Hausspitze..111
Übungshoroskop 13: Wo ist die technische
Anleitung für die Telefonanlage?......................111
Zusammenfassung der zwölf Schritte bei
Suchfragen..113

Kapitel IX: Abgeleitete Häuser bei Suchfragen 115

Pilotbeispiel 4: Wo hat meine Frau ihre Uhr liegen
gelassen?...118
Übungshoroskop 14: Wo ist seine Brieftasche?..........122

Kapitel X: Ausführliche Beispielrunde 123

Übungshoroskop 15: Finde ich den exklusiven
Kugelschreiber wieder?................................124
Übungshoroskop 16: Wo ist mein Schmuck?...............125
Übungshoroskop 17: Wo ist meine Scheckkarte?..........126
Übungshoroskop 18: Wo ist die Energieplatte?..........127
Übungshoroskop 19: Wo ist das Buch von Emil?..........128

Übungshoroskop 20: Wo ist mein Heilinstrument?...129
Übungshoroskop 21: Wo ist meine Tasche mit Geld
und Scheckkarte?..130
Übungshoroskop 22: Wo finde ich die Lesebrille?......131
Kapitel XI: Verschwundene Personen............................132
Pilotbeispiel 5: Wo ist die Mutter des Kindes?............132
Übungshoroskop 23: Wo ist X.?......................................137
Übungshoroskop 24: Ist X. etwas passiert, und kann
ich ihr dann helfen?..138
Kapitel XII: Schnellanalysen...140
Übungshoroskop 25: Wo ist meine Kette?....................141
Übungshoroskop 26: Wo ist mein Kellerschlüssel?....142
Übungshoroskop 27: Wo ist mein schwarzer Schal?
Finde ich ihn wieder?...143
Übungshoroskop 28: Finde ich das Fahrrad wieder
und falls ja, wo und wann?...144
Kapitel XIII: Sonderfälle..145
Pilotbeispiel 6: Wo ist der Generalschlüssel der
Firma?...145
Übungshoroskop 29: Ist der Hund tot oder finde ich
ihn?...149
Übungshoroskop 30: Kommt die Post noch an?.........150
Übungshoroskop 31: Wo hat X den Ehering
verloren?..151
Übungshoroskop 32: Wo ist meine ec-Scheckkarte?..152
Übungshoroskop 33: Wo ist der Schlüssel?.................153
Übungshoroskop 34: Wo ist mein Autoschlüssel?.....154
Epilog...155
Anhang..157
Lösungen zu den Übungen..158
Lösungen zu Übung 1: Häuserherrscher......................158

Lösungen zu Übung 2: Applikative und separative
Aspekte 159
Lösungen zu Übung 3: Bestimmung von
Dispositoren 159
Lösungen zu Übung 4: Bestimmung von
Spiegelpunkten 160
Lösungen zu Übung 5: Wechselseitige Rezeptionen .. 161
Lösungen zu Übung 6: Abgeleitete Häuser 162
Lösungen zu den Übungshoroskopen 164
Lösung zum Übungshoroskop 1: Finde ich meine
Handtasche wieder? 164
Lösung zum Übungshoroskop 2: Habe ich die
Chance, meinen Schlüsselbund wieder zu finden? 166
Lösung zum Übungshoroskop 3: Wo ist mein
Hausschlüssel? 167
Lösung zum Übungshoroskop 4: Kommt dieser
Brief noch an? 169
Lösung zum Übungshoroskop 5: Finde ich mein
Schreibetui wieder? 171
Lösung zum Übungshoroskop 6: Wo ist der
Gartenschlüssel? 174
Lösung zum Übungshoroskop 7: Wo ist der
Schlüssel zum Sekretariat? 177
Lösung zum Übungshoroskop 8: Wo sind die
Belege für das Finanzamt? 180
Lösung zum Übungshoroskop 9: Wo ist die Mappe
mit den Klausuren? 183
Lösung zum Übungshoroskop 10: Wo ist meine
wertvolle Uhr? 186
Lösung zum Übungshoroskop 11: Wo habe ich den
PC-Ausdruck für das Auto hingelegt? 188
Lösung zum Übungshoroskop 12: Habe ich die
Quittung noch und wenn ja, wo? 191

Lösung zum Übungshoroskop 13: Wo ist die technische Anleitung für die Telefonanlage?...............195
Lösung zum Übungshoroskop 14: Wo ist seine Brieftasche?...............197
Lösung zu Übungshoroskop 15: Finde ich den exklusiven Kugelschreiber wieder?...............200
Lösung zum Übungshoroskop 16: Wo ist mein Schmuck?...............204
Lösung zum Übungshoroskop 17: Wo ist meine Scheckkarte?...............207
Lösung zum Übungshoroskop 18: Wo ist die Energieplatte?...............210
Lösung zum Übungshoroskop 19: Wo ist das Buch von Emil?...............213
Lösung zum Übungshoroskop 20: Wo ist mein Heilinstrument?...............215
Lösung zum Übungshoroskop 21: Wo ist meine Tasche mit Geld und Scheckkarte?...............218
Lösung zum Übungshoroskop 22: Wo finde ich die Lesebrille?...............221
Lösung zum Übungshoroskop 23: Wo ist X?...............224
Lösung zum Übungshoroskop 24: Ist X. etwas passiert und kann ich ihr dann helfen?...............228
Lösung zum Übungshoroskop 25: Wo ist meine Kette?...............231
Lösung zum Übungshoroskop 26: Wo ist mein Kellerschlüssel?...............233
Lösung zum Übungshoroskop 27: Wo ist mein schwarzer Schal? Finde ich ihn wieder?...............235
Lösung zum Übungshoroskop 28: Finde ich das Fahrrad wieder und wenn ja, wo und wann?...............238
Lösung zum Übungshoroskop 29: Ist der Hund tot oder finde ich ihn?...............239

Lösung zum Übungshoroskop 30: Kommt die Post noch an? 242
Lösung zum Übungshoroskop 31: Wo hat X. den Ehering verloren? 244
Lösung zum Übungshoroskop 32: Wo ist meine ec-Scheckkarte? 246
Lösung zum Übungshoroskop 33: Wo ist der Schlüssel? 248
Lösung zum Übungshoroskop 34: Wo ist mein Autoschlüssel? 250

Analyseinstrumente **254**
Die Zuordnung der Signifikatoren zu den Häusern bei Suchfragen 254
Verwandtschaftsplaneten 256
Planeten im Domizil und in der Erhöhung 258
Zusammenfassung der zwölf Schritte bei Suchfragen 259
Findet sich das Gesuchte wieder? – Die Checkliste ... 261
Wo finden wir das Gesuchte? 262

Danksagung **263**
Über den Autor **264**

Für Karin Raune Ursula

Vorwort

Suchen Sie einen wichtigen Beleg? Ist Ihre Scheckkarte plötzlich aus unerfindlichen Gründen verschwunden? Hat sich Ihre Katze aus dem Staub gemacht und ist bisher nicht wieder aufgetaucht? Wo ist eigentlich der Hausschlüssel, der steckte doch vorhin noch in der Jackentasche? Erwarten Sie einen Freund, der zum vereinbarten Zeitpunkt weder kommt noch sich telefonisch meldet, und Sie fragen sich, ob ihm etwas passiert ist beziehungsweise wo er bleibt?

Vor über zwanzig Jahren hatte ich die Stundenastrologie entdeckt. Sie ist für mich zu einer nützlichen und wirksamen Methode geworden, konkrete Einzelfragen zum Beruf, zur Partnerschaft, zur Weiterbildung oder Ähnliches in Resonanz zur inneren Stimme des Fragenden beantworten zu können. In diesem Buch soll es um eine besondere Form der Stundenastrologie gehen: **Suchfragen**. Ich möchte Ihnen dabei eine Methode vermitteln, mit welcher Sie Fragen nach verlorenen beziehungsweise gesuchten Gegenständen oder Lebewesen systematisch beantworten können.

Die langwierige Suche nach vermissten Gegenständen kann das alltägliche Leben ganz schön erschweren. Nach meinen persönlichen Erfahrungen und der Erfahrung mit den Klienten wird das Leben mit der Stundenastrologie leichter. Im Falle von Suchfragen heißt das: Wenn klar ist, dass der gesuchte Gegenstand auf Nimmerwiedersehen verloren sein wird, bringt diese Gewissheit auch schon eine Entlastung und vielleicht sogar Frieden in die Angelegenheit. Die Scheckkarte ist z.B. weg, die entsprechenden

Konten werden gesperrt, und man verliert gar keine Zeit mehr mit dem Suchen und blockiert sich nicht selbst mit dem immergleichen Gedankenrad: »Wo ist das Ding nur? Wo habe ich es denn hingelegt?«.

Natürlich ist es viel schöner, wenn die Antwort des Fragehoroskops lautet: »Ja, es wird wieder gefunden!« und sich zudem noch beschreiben lässt, wo sich das Gesuchte befinden könnte. Dies alles werden Sie in diesem Buch mit dem Handwerkszeug der **Analyseschritte 1 bis 12** lernen können. Im Zentrum steht dabei die **Checkliste** in Kapitel III, die Ihnen, wie manch andere wertvolle Hilfen zusätzlich, im Anhang als Kopiervorlagen zur Verfügung steht.

Sie halten ein Buch in Händen, das sowohl für den astrologischen Anfänger als auch für fortgeschrittene Astrologinnen und Astrologen geeignet und hilfreich ist. Mein Motiv ist, Sie mithilfe der systematischen Abfolge der Schritte 1 – 12 in die Lage zu versetzen, sich selbst innerhalb kurzer Zeit Suchfragen beantworten zu können.

Die notwendigen Fachbegriffe werden Ihnen im Prolog und in Kapitel II vorgestellt. Zur Festigung dieser Fachbegriffe gibt es Übungen mit den zugehörigen Lösungen im Anhang.

Gehören Sie zu den Menschen, die (fast) nie etwas verlegen oder keine Zeit mit der Suche nach wichtigen Gegenständen verbringen, dann möchte ich Sie an dieser Stelle beglückwünschen! Dieses Buch wird Ihnen trotzdem gute Dienste leisten. Sie können nämlich mit der erlernten astrologischen Technik anderen Menschen bei der Suche nach Verlorenem hilfreich zur Seite stehen.

Die Treffsicherheit stundenastrologischer Suchfragen hängt natürlicherweise von der Versiertheit des Stundenastrologen ab. Da bekanntlich auch Astrologen Menschen sind, werden Fehler gemacht, und auch ich habe – sicher nicht zum letzten Mal – in der Stundenastrologie falsche Deutungen abgegeben. Daraus habe ich immer das meiste gelernt. Solche Fehldeutungen will ich Ihnen nicht vorenthalten, weil der Lerneffekt für Sie dabei besonders groß sein dürfte.

Ich möchte Ihnen einen realistischen Einblick in meine Arbeit geben. Deshalb habe ich alle meine Suchhoroskope in dieses Buch aufgenommen, deren Ausgang ich bis zur Fertigstellung des Buches kenne und von deren Fragestellerinnen und Fragestellern ich weiß, dass ich ihre Beispiele veröffentlichen darf. Was von handschriftlichen Aufzeichnungen vor dem Computerzeitalter und nach diversen ungesicherten Computerabstürzen übergeblieben ist, sind im Augenblick des Schreibens 40 Suchhoroskope, von denen ich die Ergebnisse kenne, bekannt geben darf und wo ich auch vor Bekanntwerden des tatsächlichen Verlaufs die Analyse gemacht habe. Sieben dieser Suchhoroskope sind Fehldeutungen meinerseits gewesen, die Sie auch alle in diesem Buch finden. Die »Aufklärungsquote« beträgt also augenblicklich gut 80%.

Dieses Buch ist ein Arbeitsbuch. Im Anhang finden Sie die **Lösungen** zu den vorgestellten Suchfragen. Den meisten Nutzen werden Sie von den Übungsbeispielen haben, wenn Sie die Stundenhoroskope – falls die Horoskopdaten nicht geschützt sind – an Ihrem PC beziehungsweise im Internet erstellen, ausdrucken, selbstständig bearbeiten und dann erst die Lösung am Ende dieses Buches nachvollziehen.

Mein eigenes Lernen an stundenastrologischen Suchfragen hat mit diesem Buch kein Ende gefunden. Ich möchte Sie an diesem Weiterlernen teilnehmen lassen, damit Sie über dieses Buch hinaus persönlichen Nutzen aus den

Suchfragen ziehen können. Deshalb habe ich für Sie ein **besonderes Angebot:**

Als Leserin und Leser dieses Buches bekommen Sie die Möglichkeit, weitere Suchhoroskope abzurufen, die sich nach der Veröffentlichung dieses Buches ergeben haben. Zu diesem Zweck werde ich Ihnen neue Suchfragen jeweils per E-Mail vorstellen und gleichzeitig für die Lösung einen Link zum geschützten Bereich auf meiner Website mitsenden. Dieses **Angebot** ist für Sie **kostenlos**.

Wenn Sie von diesem Angebot Gebrauch machen möchten, senden Sie mir bitte eine kurze Nachricht unter **suchenundfinden@astrocoachingschmidt.de** mit Ihrem Namen. Ich werde Sie dann in den entsprechenden Verteiler eintragen und in unregelmäßigen Abständen informieren.

Ich wünsche Ihnen viel Freude bei der Entdeckungsreise in die Schönheit dieses faszinierenden Gebietes der Stundenastrologie und insbesondere Leichtigkeit beim Suchen und Finden.

Emil Schmidt,
Bergisch Gladbach im Sommer 2009

Einleitende Hinweise

Falls Sie sich schon mit Astrologie beschäftigt haben, werden Sie vermutlich zwei Dinge besitzen: auf ihrem Computer eine entsprechende Software zur Erstellung von Horoskopen und in Buchform die so genannten Ephemeriden. Im Griechischen bedeutet *ephemeros* »*für einen Tag*«. In den Ephemeriden werden die täglichen Positionen der Planeten festgehalten. Das ist für die Stundenastrologie deshalb so wichtig, weil man aus dem Verlauf der Planeten herauslesen kann, ob sich ein verlorener Gegenstand wiederfindet und wo er sich versteckt hält. In den Ephemeriden ist der tägliche Planetenstand notiert, bezogen auf 00:00 Uhr UT (Universal Time – das ist die Zeit in Greenwich, der Sternwarte im Großraum London, die sich auf 0 Grad geografischer Länge befindet).

Wenn Sie weder ein Astrologieprogramm auf Ihrem PC noch die Ephemeriden besitzen, brauchen Sie nicht unbedingt Geld auszugeben und sich diese Dinge zu kaufen. Wenn Sie einen Internetanschluss besitzen, können Sie sich nämlich im **WorldWideWeb** ein Horoskop erstellen lassen und auch die Ephemeriden einsehen. Und wenn Sie keinen Computer besitzen, gehen Sie ins Internetcafé und »googeln« sich durch die virtuelle Welt der oft auch kostenlosen Astrologieprogramme und Ephemeriden.

▶ *Ohne Ephemeriden ist leider nichts zu machen in der Stundenastrologie und auch nicht bei Suchfragen. Halten Sie deshalb die Ephemeriden immer bereit, entweder in Buchform oder im Internet.*

Wenn Sie sich häufiger Suchfragen stellen oder die Stundenastrologie auch für andere Fragetypen anwenden möchten, ist es natürlich empfehlenswert, dass Sie ein Astrologieprogramm erwerben.

Manche Techniken, die in der klassischen Astrologie und damit auch in der Stundenastrologie eine große Rolle spielen, habe ich entweder weggelassen oder auf das Notwendigste beschränkt. Die in diesem Buch behandelten Suchaufgaben als Teilgebiet der Stundenastrologie haben die Eigenschaft, dass zum einen der technisch-astrologische Aufwand deutlich geringer ist als bei den sonstigen stundenastrologischen Fragen und zum anderen die Bearbeitungsweise besonders strukturiert dargestellt werden kann.

Bei der Erläuterung zu den Beispielen finden Sie die Symbole ↓ ↑. Ist der jeweilige Punkt für die Fragestellung erfüllt, steht dafür ↑, ist der entsprechende Punkt nicht erfüllt, steht dafür ↓.

Sie werden sehen, wie erfolgreich Sie schon nach kurzer Zeit sich selbst oder anderen Menschen Suchfragen – an und von jedem Ort der Welt aus – beantworten können.

Im schon angekündigten **Prolog** werde ich Sie nun mit notwendigen Grundbegriffen vertraut machen. In Kapitel II werde ich Ihnen weitere Fachbegriffe erläutern, die im Aufbau der Übungsbeispiele von Bedeutung sein werden.

Prolog

Die Häuser

Was die Einteilung der astrologischen Häuser anbelangt, bin ich in meiner Praxis bisher am besten mit dem *tropischen Tierkreis* und dem *Häusersystem von Placidus* gefahren. Die Technik des italienischen Mathematikers Placidus de Tito aus dem 17. Jahrhundert spiegelt für mich am angemessensten die Dynamik im Verhältnis der Bewegung von Erde und Sonne wider.

Ich möchte Sie ermuntern, Ihren eigenen Zugang zu dem für Sie passenden Häusersystem zu finden. Es gibt kein »richtiges« oder »falsches« mathematisches Verfahren bei der Projektion der Kugelsphäre des Himmels auf die Ebene des Papiers. Es gibt Erfahrungen, die sich in der stundenastrologischen Praxis widerlegen oder bis auf weiteres bestätigen lassen, und das zählt für mich.

Die Planeten

Bei Suchaufgaben verwende ich in erster Linie die sieben sogenannten *klassischen Planeten* Mond, Merkur, Venus, Sonne, Mars, Jupiter und Saturn. Die Verteilung dieser sieben Planeten auf die 12 Tierkreiszeichen können Sie folgender Tabelle entnehmen:

Tierkreiszeichen	Klassischer Planet
Widder ♈	Mars ♂
Stier ♉	Venus ♀
Zwillinge ♊	Merkur ☿
Krebs ♋	Mond ☽
Löwe ♌	Sonne ☉
Jungfrau ♍	Merkur ☿
Waage ♎	Venus ♀
Skorpion ♏	Mars ♂
Schütze ♐	Jupiter ♃
Steinbock ♑	Saturn ♄
Wassermann ♒	Saturn ♄
Fische ♓	Jupiter ♃

Tabelle 1: Zeichen und Planeten

Abbildung 1: Die Zuordnung der Planeten zu den Tierkreiszeichen

In Kapitel VII werden wir auch drei moderne Planeten hinzunehmen:

Moderner Planet	Uranus	Neptun	Pluto
Symbol	♅	♆	♇

Tabelle 2: Die modernen Planeten

▶ *Wenn Sie selbst auf Ihrem PC ein Astrologieprogramm besitzen, blenden Sie bitte fürs Erste nur die sieben klassischen Planeten ein und alles andere aus.*

Die Häuserherrscher

Bei dem Beispiel in Abbildung 2 steht das Tierkreiszeichen Skorpion am Aszendenten. Also beherrscht der Planet Mars (siehe Abbildung 1) den Aszendenten. Wir sprechen auch davon, dass Mars der *Herrscher* des ersten Hauses ist.

Das zweite Haus beginnt im Schützen, also ist Jupiter der Herrscher des zweiten Hauses.

Der Herrscher des dritten Hauses ist Saturn, weil die Häuserspitze drei im Steinbock steht.

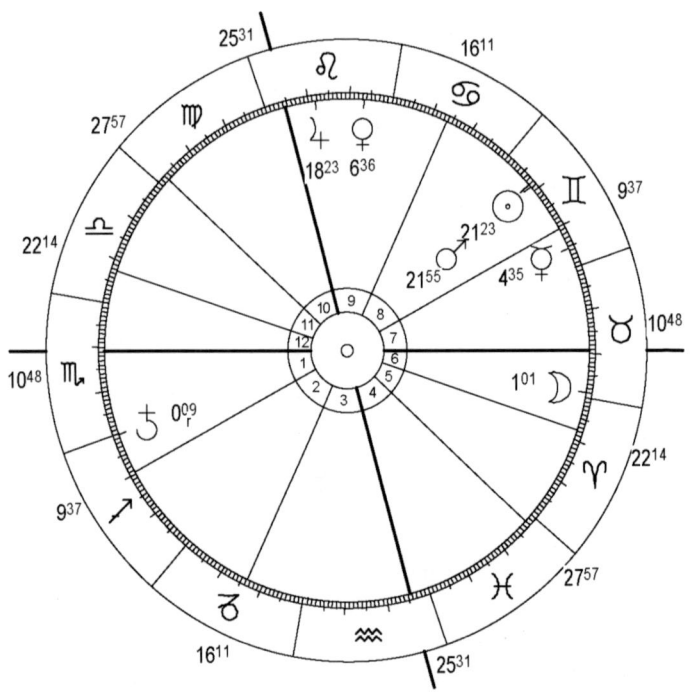

Abbildung 2: 12. Juni 2015 um 18:00 Uhr MESZ, in Bergisch Gladbach (7.07 O, 50.59 N), Placidus

Übung 1

Vervollständigen Sie die Herrscher der Häuser vier bis zwölf. Die Lösungen finden Sie im Anhang auf Seite 158.

Die Aspekte

Bei vielen Horoskopzeichnungen werden Sie Verbindungslinien zwischen den Planeten entdecken, die sogenannten *Aspektlinien*. In Abbildung 3 sieht das folgendermaßen aus:

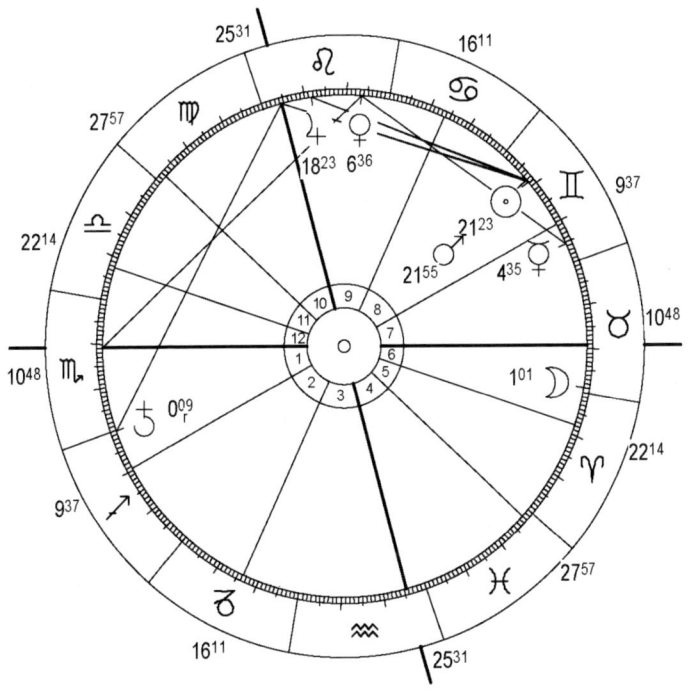

Abbildung 3: Horoskop mit Aspektlinien

Das Wort *Aspekt* kommt aus dem Lateinischen und bedeutet *anschauen, anblicken* (lat. a*spectare*). Planeten blicken sich also an. Wie geht das? Wenn ein Planet von einem anderen Planeten eine gewisse Gradzahl entfernt ist, dann aspektieren sich beide Planeten. In der Stundenastrologie und damit auch bei Suchfragen können wir es uns aus zwei Gründen einfach machen:

Zum einen werden lediglich fünf Aspektarten, die sogenannten *ptolemäischen Aspekte* berücksichtigt. Das sind die Konjunktionen, Sextile und Trigone, welche das Finden eines gesuchten Gegenstandes leichter machen. Deshalb werden sie die *freundlichen* Aspekte genannt. Weiterhin spielen die Quadrate und Oppositionen eine Rolle. Bei diesen Aspekten wird es in der Regel schwieriger mit dem Wiederfinden und darum heißen sie auch die *unfreundlichen* Aspekte.

Aspekt	Abstand in Grad	Symbol	Qualität der Suche
Konjunktion	0	☌	Wird leicht gefunden
Sextil	60	✶	Wird leicht gefunden
Trigon	120	△	Wenig Mühe und das Gesuchte ist wieder da
Quadrat	90	□	Die Suche gestaltet sich nicht so einfach
Opposition	180	☍	Die Suche gestaltet sich schwierig, ist letztlich aber erfolgreich

Tabelle 3: Die Aspekte

Die Unterscheidung in freundliche und unfreundliche Aspekte ist bei Suchfragen jedoch nicht so wichtig. Der Grund liegt darin: Der Fokus ist darauf gerichtet, dass der Planet, der für den Sucher steht, und der Planet, der für das Gesuchte steht, zusammenkommen sollen. Bei einem freundlichen Aspekt wird das leichter geschehen und bei einem unfreundlichen ein bisschen schwieriger sein.

Wenn ein Planet vor dem Wechsel in sein nächstes Zeichen keinen Aspekt mehr bildet, so sagt man, er sei *im Leerlauf*. In der englischen Literatur wird solch ein Planet als *void of course* (wörtlich »ohne Lauf«) bezeichnet.

In der Stundenastrologie und deshalb auch bei Suchfragen interessieren die Aspekte lediglich auf dem Hintergrund, ob sie noch zustande kommen (applikative Aspekte) oder ob sie schon gewesen sind (separative Aspekte).

▶ *Aspekte gelten überhaupt nur dann, wenn die beteiligten Planeten das jeweilige Zeichen, in dem sie sich gerade befinden, für die Aspektbildung nicht verlassen müssen. Am besten blenden Sie die Aspektlinien aus, die brauchen wir nämlich in der Stundenastrologie nicht, sie verwirren sogar nur. Wir bleiben also bei der Horoskopdarstellung wie in Abbildung 2 auf Seite 24.*

Die Geschwindigkeiten der sieben klassischen Planeten spielen für die Aspektbildung eine entscheidende Rolle. In Tabelle 4 sind die durchschnittlichen Geschwindigkeiten der Planeten zusammengestellt.

Die Planeten können in Abhängigkeit der Entfernung zur Sonne viel »Fahrt aufnehmen«, abbremsen oder die Bewegungsrichtung ändern. Dabei kann es vorkommen, dass zum Beispiel ein so flinker Planet wie der Merkur kurz vor seiner Richtungsumkehr so langsam geworden ist, dass er von Venus oder gar von Mars überholt werden kann. Der Blick in die Ephemeriden ist dabei wesentlich um festzustellen, ob ein Aspekt zu Stande kommt oder verloren geht.

Klassischer Planet	Symbol	Geschwindigkeit pro Tag
Mond	☽	etwa 13 Grad
Merkur	☿	knapp 1,5 Grad
Venus	♀	gut 1 Grad
Sonne	☉	etwa 1 Grad
Mars	♂	30 Minuten
Jupiter	♃	5 Minuten
Saturn	♄	2 Minuten

Tabelle 4: Die durchschnittliche Geschwindigkeit der Planeten

In Abbildung 2 auf Seite 24 haben Sie die Möglichkeit, den Unterschied zwischen applikativen und separativen Aspekten gut zu üben:

- Sonne und Mars stehen bald in Konjunktion zueinander, denn es fehlen lediglich 32 (Bogen)-Minuten und dann ist die Konjunktion komplett. Warum? Weil die Sonne schneller als der Mars ist, wird sie ihn einholen. Man spricht von einem *applikativen* Aspekt, weil der Aspekt (hier die Konjunktion) erst noch passieren wird.
- Merkur und Venus stehen gut 62 Grad auseinander, genau genommen 62 Grad und eine Minute. Merkur ist schneller als die Venus, also wird sich bald der Abstand auf genau 60 Grad, also ein Sextil verringern. Wir haben wieder einen applikativen Aspekt, hier ein *applikatives Sextil* zwischen Merkur und Venus.
- Die Sonne und der Jupiter sind genau drei Grad von einem Sextil entfernt. Weil die Sonne schneller ist als der Jupiter und schon auf 21 Grad und 23 Minuten steht,

wird es mit dem Sextil nichts mehr werden. Der Aspekt ist schon gewesen und wir sprechen von einem *separativen* Aspekt, hier einem *separativen Sextil*.

Übung 2

Entdecken Sie selbst weitere applikative und separative Aspekte in Abbildung 2. Die Lösungen finden Sie im Anhang auf Seite 159.

Kapitel I:
Die Analyseschritte 1 bis 5

Damit Sie bei einem Gegenstand, einem Tier oder einem Menschen prüfen können, ob Sie ihn oder es wieder finden, benötigen Sie eine entsprechende stundenastrologische Frage.

Im Folgenden möchte ich Sie Schritt für Schritt mit dem Vorgehen bei der Beantwortung einer solchen Frage vertraut machen.

Schritt 1: Die Fragestellung

Die stundenastrologische Suchfrage sollte einfach, klar und verständlich gestellt sein. Beispielsweise könnte sie lauten:

1. Wo ist mein Reisepass?
2. Kommt meine Katze wieder zurück?
3. Kommen die Dokumente noch an?
4. Ist meine Geldbörse verloren oder bekomme ich sie wieder?
5. Wo ist die Kollegin geblieben? Ist ihr etwas zugestoßen?
6. Wo habe ich meine Halskette verlegt?
7. Besteht die Aussicht, dass der Schlüssel noch gefunden wird?

Sie sehen an den Fragen, dass zwei grundverschiedene Fragetypen vorkommen können.

Zum einen: Er oder sie stellt gar nicht die Frage, ob das Gesuchte wieder gefunden wird. Implizit wird davon ausgegangen, dass das Lebewesen oder der Gegenstand wieder auftaucht und entsprechend ist die Formulierung der Frage, wie Sie in den Fragebeispielen 1 und 6 sehen.

Zum anderen: Fragen mit dem Tenor »Kommt das Tier wieder zurück?« oder »Bekomme ich ... wieder?« sind vom Ausgang her offener gestellt. Der Fragesteller ist sich selbst unsicher, ob das Gesuchte überhaupt wieder auftauchen wird. Das sind die Fragen 2, 3, 4 und 7. Fragen wie in 5 sind eine Mischung aus den beiden Grundtypen.

Diese unterschiedlichen Frageformen werden am Stundenhoroskop selbst zu erkennen sein. Im ersten Fall (der Fragesteller geht instinktiv davon aus, dass der gesuchte Gegenstand wiedergefunden wird) wird das Stundenhoroskop entsprechende klare Hinweise geben, dass das »Objekt der Begierde« sowieso wieder auftaucht. Im zweiten Fall (die Frage ist offener gestellt) ist das Wiederfinden oft nicht sofort im Stundenhoroskop zu entdecken. Doch zuerst einmal benötigen wir den Zeitpunkt der Frage.

Schritt 2: Der Zeitpunkt der Frage

Eine Frage taucht ganz plötzlich aus Ihrem Inneren auf. Genau diesen Zeitpunkt notieren Sie. Es ist die Geburt der Frage. Wenn Sie die Frage nicht für sich selbst, sondern für einen Kunden/Klientin/Bekannten/Freund stellen, dann gilt der Zeitpunkt, zu dem Sie die Frage verstanden haben. Ich habe Fälle erlebt, in denen es im Vorgespräch, ob nun telefonisch oder persönlich, einige Minuten gedauert hat, bis die Frage klar gewesen ist. Und diese Klarheit spüren Sie als Berater selbst. Es ist, als würde es »Klick« machen, und Sie haben unmissverständlich das Anliegen in Form einer klar gestellten Frage verstanden. Wenn sich dieses innere und unzweideutige »Ja« nicht einstellt, dann fragen Sie so lange nach, bis es bei Ihnen »Klick« macht.

Oft höre ich die verständliche Frage: »Ich gehe aber schon seit Tagen, Wochen oder gar Monaten mit meiner Suchfrage schwanger. Welchen Zeitpunkt soll ich denn nehmen?«

Ganz einfach: Nehmen Sie den Zeitpunkt, zu dem die Frage das Licht der Öffentlichkeit erblickt. Das ist der Zeitpunkt, zu dem Sie Ihre Frage einem anderen Menschen gegenüber oder zu sich selbst laut ausgesprochen haben. Es ist wie bei einem Kind, das kurz vor der Geburt steht. Sie gehen mit dem Kind schwanger, genauso wie Sie mit einer Frage schwanger gehen. Umgangssprachlich drückt sich ja die Verwandtschaft mit der biologischen Schwangerschaft aus. Ein Kind im Bauch der Mutter überlegt sich auch nicht, ob es nun nach acht, achteinhalb Monaten oder neun Monaten auf die Welt kommen soll. Wenn es da ist, ist es da. Genauso ist es mit der Frage: Sobald diese ausgesprochen ist, ist sie geboren und daher auf die Welt gekommen. Dieser »erste Atemzug« ist der präzise Zeitpunkt für die Erstellung jedes Horoskops, also auch eines Stundenhoroskops in Form einer Suchfrage.

Vielleicht taucht bei Ihnen an dieser Stelle die Frage auf, warum die Stundenastrologie funktioniert. Ich kann es Ihnen nicht erklären. Es ist einfach ein Geheimnis. Ich weiß nur, dass es funktioniert. In diesem Buch bekommen Sie die Möglichkeiten an die Hand, alles selbst auszuprobieren und die Wirksamkeit des Suchhoroskops zu überprüfen.

Schritt 3: Der Ort der Fragestellung

Nehmen Sie den Ort, an dem Sie sich befinden, beziehungsweise an dem Sie die Fragestellung entgegennehmen. Sie sind die Hebamme, wenn man es so ausdrücken will, welche die Frage entweder in sich selbst oder bei anderen an das Tageslicht befördert. Und die Hebamme befindet sich an einem ganz bestimmten Ort, und dieser zählt für die Erstellung des Stundenhoroskops.

Sie haben nun ein Suchhoroskop erstellt. Es ist ein Geburtshoroskop, diesmal nicht für die Geburt eines Menschen, sondern für die Geburt einer Frage.

Schritt 4: Die Erstellung des Suchhoroskops

Mit Ihrem Astrologieprogramm am PC oder aus dem Internet berechnen Sie, besser gesagt, lassen Sie sich nun das Stundenhoroskop zur Frage berechnen.

Aus dem Prolog kennen Sie ja unser fiktives Fragehoroskop (siehe Abbildung 2):

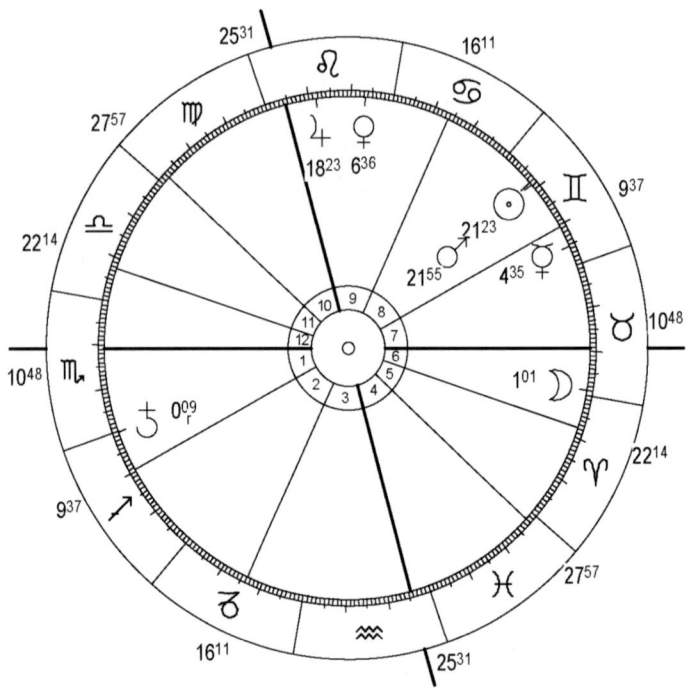

Abbildung 2: 12. Juni 2015 um 18:00 Uhr MESZ, in Bergisch Gladbach (7.07 O, 50.59 N), Placidus, als Fragehoroskop verwendet

Dies wäre jetzt das Fragehoroskop bzw. Suchhoroskop (*Schritt 4*) zu einer am 12. 6. 2015 um 18:00 Uhr mitteleuropäischer Sommerzeit (*Schritt 2*) in Bergisch Gladbach (*Schritt 3*) formulierten Frage (*Schritt 1*).

Schritt 5: Die Signifikatoren

Alle Planeten im Stundenhoroskop, die mit der Frage zu tun haben, werden **Signifikatoren** genannt. Sie zeigen das Thema und den Gegenstand der Frage an. In Suchhoroskopen sind die Signifikatoren immer der Fragesteller oder die Fragestellerin auf der einen Seite und das Gesuchte auf der anderen Seite. Das gilt unabhängig davon, ob nach einem Gegenstand, einem Menschen oder einem Tier gesucht wird. Im Einzelnen sieht es so:

▶ *Der Fragesteller oder die Fragestellerin ist immer der Planet, der über das erste Haus, also den Aszendenten, herrscht.*

Aus dem Prolog wissen Sie schon, dass in obiger Abbildung 2 der Herrscher des ersten Hauses der Mars ist. Damit wäre in unserem fiktiven Suchhoroskop Mars der Signifikator für die Fragestellerin oder den Fragesteller.

Nehmen wir mal an, Sie suchen ein wichtiges Buch und stellen sich die Frage: »*Wo ist mein Buch?*«. Dann wissen Sie jetzt, dass Sie als Fragesteller im obigen Beispiel durch den Planeten Mars repräsentiert werden. Jetzt müssen wir noch klären, welcher Planet im Stundenhoroskop das Buch repräsentiert, welcher Planet also der Signifikator für das gesuchte Buch ist.

Die folgende Tabelle beschreibt die Zuordnung der Häuser zu den Signifikatoren, die bei Suchfragen eine Rolle spielen können. Daraus ersehen Sie, dass Bücher dem dritten Haus zugeordnet sind.

Haus	Zuordnung
1	*Der oder die Fragende*
2	Persönliche Gegenstände, persönlicher Besitz, alle Arten von Schmuck und Wertgegenständen, Einkommen, Geld, unbelebte Gegenstände allgemein bei Suchfragen. Belebte Dinge wie z.B. Tiere sind im Haus sechs (kleine Tiere) oder im Haus 12 (große Tiere)
3	Transportmittel (Autos, Busse, Fahrräder usw.); alles was mit Schrift im engeren und mit Kommunikation im weiteren Sinn zu tun hat samt der entsprechenden Kommunikationsmittel (Telefon, Telegramme, Briefe, Bücher, Zeitungen, Radio, Fernsehen, Computer), Dokumente, Schlüssel. Geschwister, Verwandte (Eltern ausgeschlossen, die gehören ins vierte Haus), Nachbarn (auch im Haus 7), Gegenstände in ihrer Funktion für das tägliche Leben
4	Die Eltern, insbesondere der Vater (es kann auch schon mal die Mutter sein, zum richtigen Signifikator führt das Stundenhoroskop), die Wohnung, die Immobilie, gesuchte Gegenstände im Sinne »verborgener Besitztümer«
5	Kinder, Spekulationsgeschäfte wie Aktien oder Optionen, Schmuck, Luxusobjekte
6	Die kleineren Haustiere (Hunde, Katzen, Schildkröten, Kanarienvögel usw.), Bedienstete und Angestellte, Untermieter, Werkzeuge, jede Art von Arbeitsgeräten
7	Alle Partner, ob nun Lebenspartner, Ehepartner, Geschäftspartner, Vertragspartner, Prozessgegner, usw. Alle Personen oder Parteien, die wir sonst keinem Haus im Stundenhoroskop zuordnen

	können; Kollegen (wenn Sie unsere Freunde sind, dann gehören sie ins 11. Haus), Menschen, die wir als »Feinde« einstufen, also mögliche Diebe; Nachbarn (auch im Haus 3)
8	Der Besitz der anderen in jeder Form (Geld oder Gegenstände), also auch Kredite (Geld der anderen), Erbschaften, Schulden, Darlehen, Testamente
9	Ausländer, Forschungsreisende, Philosophen, Ausbilder, Anwälte, Heilpraktiker
10	Die Mutter (kann auch schon mal der Vater sein, das wird das Horoskop zeigen), der Beruf, die Geschäfte, der Staatsführer, die Richter, alle Arten von Autoritäten, Prüfungen
11	Freunde, Vereine
12	Größere Nutztiere wie Pferde, Kühe usw., Exil, Geheimnisse, Gefängnisse, Krankenhäuser, Kloster, heimliche Feinde

Tabelle 5: Die Zuordnung der Signifikatoren zu den Häusern bei Suchfragen

Wenn Sie in dieser Tabelle unter dem Haus drei nachschauen, werden Sie sich möglicherweise wundern, denn dort stehen auch die Geschwister und Verwandten. Was haben diese mit Suchfragen zu tun? Der Grund ist, dass es vorkommen kann, dass Sie nach einem Gegenstand Ihres Bruders, Ihrer Mutter oder einer Ihrer Tanten suchen. Dann müssen im Suchhoroskop die sogenannten abgeleiteten Häuser verwendet werden. Das ist eine Feinheit und kommt in diesem Buch erst gegen Ende im Kapitel IX ab Seite 115.

Als Signifikatoren sind auch die sogenannten **Verwandtschaftsplaneten** oder **natürliche Signifikatoren** wichtig. Aufgrund ihrer Eigenschaften werden die Verwandtschaftsplaneten bestimmten Objekten oder Farben zugeordnet.

Der Mond spielt dabei eine Sonderrolle. Er ist (fast) immer Signifikator für das Gesuchte ungeachtet dessen, ob es ein unbelebter Gegenstand oder eine Person beziehungsweise ein Tier ist. Der Mond wird daher als natürlicher Signifikator für das Gesuchte bezeichnet.

Die folgende Zusammenstellung soll Ihnen den Überblick über die Verwandtschaftsplaneten beziehungsweise die natürlichen Signifikatoren erleichtern. Sie finden auch diese Tabelle im Anhang ab Seite 254 zum Kopieren.

Verwandtschaftsplanet	Gegenstände	Personen	Farben
Mond	Natürlicher Signifikator für den gesuchten Gegenstand; silbrige Gegenstände. Edelstein: Mondstein, weiße Perle	Natürlicher Signifikator für das gesuchte Objekt, die gesuchte Person oder das gesuchte Tier; Haushaltsgegenstände	Helle Farben oder Weiß
Merkur	Schriftstücke jeglicher Art (Dokumente, Autopapiere, Bücher etc.), Schreibutensilien; Schlüssel; Verkehrsmittel, Edelstein: Achat	Potentielle Diebe	Gelb, helles Grau oder Opaltöne

Venus	Schmuckstücke jeglicher Art, Einrichtungsgegenstände, Geld; Edelstein: Aquamarin	Weibliche Personen	Dunkelrot, Kupferfarbe, grüne Schattierungen, Rosa und helles Blau
Sonne	Goldene Gegenstände, Edelstein: Diamant oder Topas	Männliche Personen	Gold, Orangerot, auf jeden Fall klar und hell
Mars	Scharfkantige beziehungsweise spitze und metallische Gegenstände, kleine Behältnisse; Edelstein: Saphir oder Rubin	Männliche Personen	Knalliges Rot, alle metallischen, rostroten Farben
Jupiter	Große Gegenstände; Edelstein: Topas	Ausbilder in allen Varianten, Juristen	Purpur, Violett, Blaurot
Saturn	Schwere Gegenstände; Edelstein: schwarze Perlen	Menschen mit Autorität von Amts wegen	Schwarz, Grau, Dunkelblau

Tabelle 6: Verwandtschaftsplaneten oder natürliche Signifikatoren

Wie sehen nun die ersten fünf Schritte konkret aus?
Schauen wir uns das an einem ersten Pilotbeispiel an:

Pilotbeispiel 1:
Werde ich meine Katze wiedersehen?

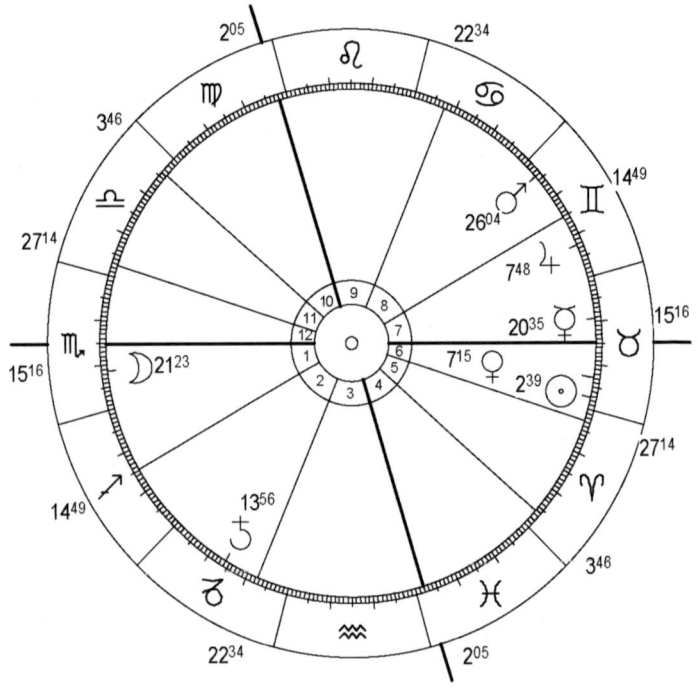

*Abbildung 4: 22. April 1989 um 21:45 Uhr MESZ,
in Köln (06.59 O, 50.56 N), Placidus*

Gehen wir die bisherigen Schritte eins bis fünf durch:
**Schritt 1, Schritt 2 und Schritt 3: Die Fragestellung, der
Zeitpunkt und der Ort der Frage.**

Dazu benötigen wir entsprechende **Hintergrundinformationen:** Die geliebte Katze einer Freundin war verschwunden. Zum obigen Zeitpunkt wurde die Frage klar und verständlich in Köln formuliert.

Hieraus ergibt sich im **4. Schritt** das obige Suchhoroskop.

Schritt 5: Die Signifikatoren:

•*Welcher Planet steht für die Fragestellerin?*

Der Aszendent ist Skorpion. Damit beherrscht der Planet Mars das erste Haus, und Mars ist der Signifikator für die Fragestellerin.

•*Welcher Planet steht für die gesuchte Katze?*

Die Katze ist ein kleines Haustier, also ist sie im sechsten Haus zu finden. Die Spitze des sechsten Hauses beginnt im Widder, also beherrscht Mars das sechste Haus und der Signifikator für die Katze ist Mars ... Hm, der Planet Mars ist ja schon vergeben! Kein Problem, denn bei Suchfragen haben wir auch den Mond als *natürlichen Signifikator* für das Gesuchte. Also ist der Mond Signifikator für die gesuchte Katze.

▶ *Zusammenfassend sind die wichtigsten Werkzeuge bei Suchfragen:*
1. *Das Fragehoroskop selbst;*
2. *Die Tabelle mit der Zuordnung der Signifikatoren zu den astrologischen Häusern;*
3. *Die Ephemeriden, um den Fortlauf der Planeten für die wichtigen applikativen Aspekte der Signifikatoren überprüfen zu können.*

Kapitel II:
Weitere Fachbegriffe

Bevor wir zum wichtigsten Punkt bei der Bearbeitung von Suchfragen kommen, der *Checkliste* in Schritt sechs, benötigen wir noch einige Fachbegriffe, um zuverlässig Suchfragen bearbeiten zu können.

Dispositoren

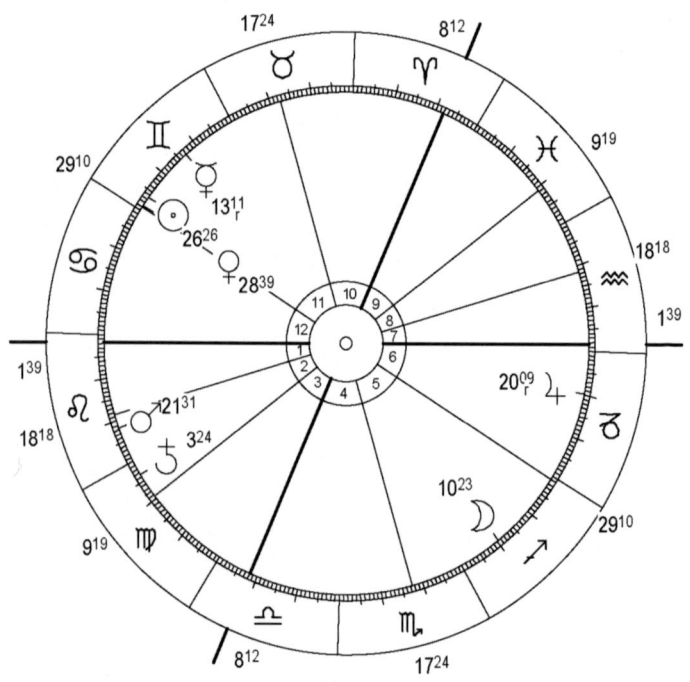

Abbildung 5: Dispositoren

Ein Planet in einem Zeichen wird von demjenigen Planeten, der zu diesem Zeichen gehört, beherrscht (siehe Tabelle 1 und Abbildung 1 auf Seite 22). Man kann auch aus dem Lateinischen abgeleitet sagen, er wird von ihm *disponiert*. Nehmen Sie Abbildung 5:

Venus und Sonne stehen im Tierkreiszeichen Zwillinge. Zu den Zwillingen gehört Merkur, also ist der *Dispositor* dieser zwei Planeten Merkur.

Merkur steht in den Zwillingen, aber da macht es wenig Sinn, von »Merkur als Dispositor des Merkur« zu sprechen.

Der Dispositor des Mars ist die Sonne, weil Mars im Löwen steht und die Sonne zum Löwen gehört.

Übung 3

Bestimmen Sie die Dispositoren der anderen Planeten. Die Lösungen finden Sie im Anhang auf Seite 159f.

Besondere Aspekte – Antiszie und Gegenantiszie

Klingen ziemlich fremdländisch, diese beiden Wörter »Antiszie« und »Gegenantiszie«. Sind sie auch: Der Begriff Antiszie kommt aus dem Griechischen und heißt »Schatten«. Das erklärt natürlich erst einmal auch nicht mehr.

Wenn Sie wie in Abbildung 6 zwischen 0 Grad Krebs und 0 Grad Steinbock eine Gerade ziehen – das sind die Verbindungen zwischen dem Sommersolstitium (auch Sommer-Sonnenwende genannt) und dem Wintersolstitium (Winter-Sonnenwende) – wirkt die senkrechte Gerade wie ein Spiegel, an dem die Tierkreiszeichen wechselseitig

Schatten werfen: Das Zeichen Zwillinge spiegelt sich im Krebs, Stier im Löwen, Widder in der Jungfrau, Schütze im Steinbock, Skorpion im Wassermann und die Waage in den Fischen. Diese Art zu spiegeln nennt man die Bildung der **Antiszie**.

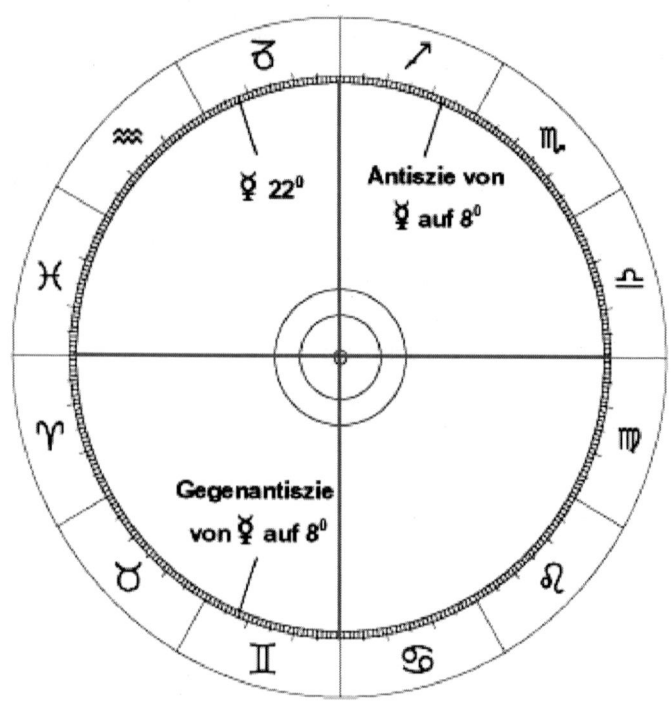

Abbildung 6: Antiszie und Gegenantiszie

Sie können aber auch einen anderen Spiegel ziehen, und zwar die horizontale Gerade zwischen dem Frühjahrs-Äquinoktium (der Tag-und-Nacht-Gleiche im Frühjahr) auf 0 Grad Widder und dem Herbst-Äquinoktium (der Tag-und-Nacht-Gleiche im Herbst) auf 0 Grad Waage. Dann spiegelt sich das Tierkreiszeichen Widder in den Fischen, Stier im Wassermann, die Zwillinge im Steinbock, Jungfrau in der Waage, Löwe im Skorpion und der Krebs im Schützen. Bei dieser Art zu spiegeln bekommt man die **Gegenantiszie**, den »Gegenspiegel« oder »Gegenschatten«.

Im Beispiel wird der Merkur auf 22 Grad Steinbock auf 8 Grad in den Schützen gespiegelt (zur Erinnerung: ein Tierkreiszeichen ist 30 Grad groß). Merkur wirft also auf 8 Grad Schütze einen Schatten. Dieser »Schatten« ist die Antiszie.

Der Gegenschatten, also die Gegenantiszie des Merkurs, fällt auf 8 Grad Zwillinge. Sie können daraus gut sehen, dass die Gegenantiszie immer genau gegenüber der Antiszie zu liegen kommt.

In der Stundenastrologie spielen die Schattenpunkte, auch allgemein *Spiegelpunkte* genannt, eine wichtige Rolle. Sie zählen genauso viel wie die normalen Aspekte.

Übung 4

Bestimmen Sie die Spiegelpunkte aller Planeten im folgenden Horoskop. Die Lösungen finden Sie im Anhang auf Seite 160f.

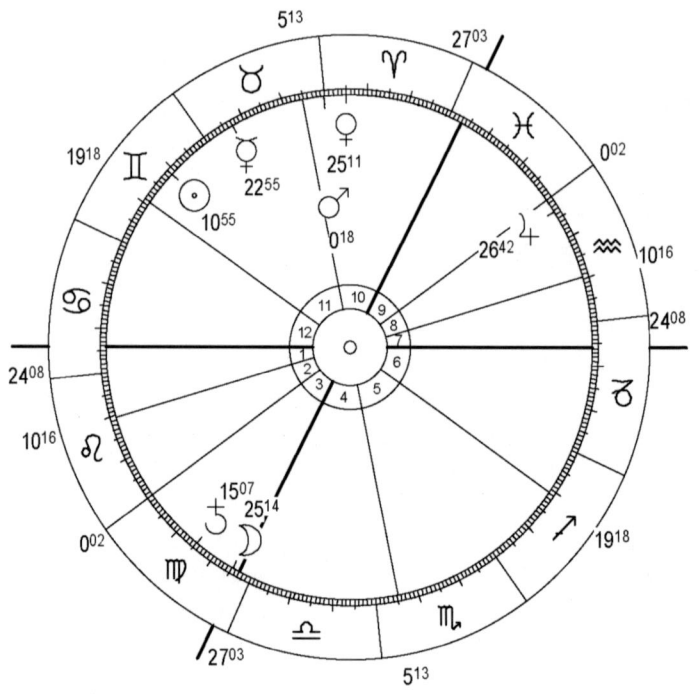

Abbildung 7: Horoskop zu Übung 4

▶ Als Aspekte zu einer Antiszie beziehungsweise Gegenantiszie zählen nur Konjunktionen. Alle anderen ptolemäischen Aspekte spielen bei Aspektbildungen zur Antiszie und Gegenantiszie keine Rolle.

Verbrennungen von Signifikatoren durch die Sonne

Kommt ein Signifikator der Sonne zu nahe – sei es nun der Hauptsignifikator für das Gesuchte, ein Verwandtschaftsplanet oder der Mond – dann ist das Gesuchte nicht mehr sichtbar. Das kann man beim Mond sogar unmittelbar am Himmel beobachten, denn um die Neumondtage ist unser Trabant von der Sonne verdeckt und nicht sichtbar.

Astrologisch sind es die Konjunktionen, bei welchen ein Planet von der Sonne verschluckt oder, wie man auch sagt, *verbrannt* wird. Ist die Verbrennung eines Signifikators durch die Sonne applikativ, dann kann dies trotz aller anderen positiven Indikatoren ein deutlicher Hinweis darauf sein, dass das Gesuchte nicht mehr gefunden wird. Bei der separativen Konjunktion eines Signifikators mit der Sonne können wir Entwarnung geben.

Ist es der Signifikator für den Sucher, der verbrannt ist, dann tappt der Sucher sprichwörtlich im Dunkeln.

▶ *Die Verbrennung eines Signifikators wirkt nur dann, wenn sowohl der Signifikator wie auch die Sonne im selben Tierkreiszeichen stehen.*

▶ *Ist ein Signifikator weniger als 16 (Bogen)-Minuten von der Sonne entfernt, steht er »im Herzen der Sonne«. Dieser Zustand wird »Cazimi« genannt und ist in der Stundenastrologie der beste Zustand, in dem sich ein Signifikator befinden kann. Allerdings ist mir bei Suchfragen dieser »Cazimi«-Zustand noch nicht untergekommen, und deshalb erläutere ich ihn in diesem Buch auch nicht näher.*

Wie groß der Abstand eines Signifikators von der Sonne sein muss, damit er von unserem Zentralgestirn verbrannt wird, können Sie der folgenden Tabelle entnehmen:

Planet	Abstand von der Sonne für die Verbrennung
Mond	Kleiner als 6 Grad
Merkur	Kleiner als 6 Grad
Venus	Kleiner als 6 Grad
Mars	Kleiner als 9 Grad
Jupiter	Kleiner als 8 Grad
Saturn	Kleiner als 8 Grad

Tabelle 7: Verbrennung durch die Sonne

▶ *Nehmen Sie es nicht haargenau mit den Gradzahlen bei der Verbrennung. An der Frage, ob ein Signifikator wie Venus zum Beispiel fünf oder sieben Grad von der Sonne entfernt ist, wird Ihre Analyse des Suchhoroskops nicht scheitern.*

Nehmen wir beispielsweise eine Sonne auf 18 Grad im Schützen. Folgende Situationen sind denkbar:

- Ein Hauptsignifikator wie beispielsweise die Venus für das Gesuchte auf 15 Grad im selben Tierkreiszeichen kann als »verloren« gelten, weil die Verbrennung applikativ ist. Dagegen würde die Verbrennung der Venus auf 21 Grad im Schützen separativ sein, also kein Hinweis auf einen Verlust.
- Anders sieht es aus – bleiben wir einmal beim Hauptsignifikator Venus – wenn dieser Planet rückläufig ist auf 22 Grad im Schützen. Dann ist die Konjunktion zur Sonne zwar auch applikativ, also ein schlechtes Zeichen, aber die Rückläufigkeit des Hauptsignifikator zählt als »Wiederfinden« und hebt damit die Verbrennung auf.

Kapitel III:
Der Analyseschritt 6
Die Checkliste

Erinnern Sie sich an das erste Pilotbeispiel für eine Suchfrage: »Werde ich meine Katze wiedersehen?« Um diese Frage mit stundenastrologischen Mitteln beantworten zu können, benötigen wir die schon angekündigte Checkliste. Damit sind wir beim wichtigsten Analyseschritt sechs bei der Bearbeitung von Suchfragen angelangt.

Schritt 6: Die Checkliste

Diese Checkliste hilft Ihnen entscheidend dabei, herauszufinden, ob – und falls ja unter welchen Umständen – das Gesuchte wieder gefunden wird.

Diese Checkliste finden Sie auch zum Kopieren in Kurzform am Ende des Buches im Anhang auf Seite 261.

Das Gesuchte wird bei Erfüllung von mindestens einer der folgenden Bedingungen wiedergefunden:

a) Die Signifikatoren für das Gesuchte (Hauptsignifikator, Mond, Verwandtschaftsplanet) stehen in Eckhäusern oder noch besser, nahe an einer Hauptachse, das sind AC, DC, IC oder MC. Das Gesuchte wird oft schon alleine wegen dieser Position eines Signifikators wiedergefunden und ist auch nahe beim Fragesteller. Es braucht nicht einmal einen Aspekt zwischen dem Frager und dem Signifikator für das Gesuchte zu geben.

Falls einer der Signifikatoren für das Gesuchte nicht an einer Hauptachse steht, ist das Gesuchte oft weit weg vom Fragesteller. Eine Ausnahme von dieser Regel haben wir dann, wenn die Signifikatoren für das Gesuchte und den Fragesteller im selben Zeichen stehen oder nicht weit voneinander entfernt sind (zumindest weniger als 30 Grad). Dann kann es sein, dass das Gesuchte in der Tat nicht weit weg ist und gefunden wird. Doch gilt dies nur dann, wenn auch weitere Punkte aus der Checkliste erfüllt sind.

b) Es gibt einen Aspekt (dabei immer auch Antiszien beziehungsweise Gegenantiszien berücksichtigen!) zwischen dem Sucher und den Signifikatoren für das Gesuchte.

c) Einer der Signifikatoren für das Gesuchte ist rückläufig. Das Gesuchte kommt sprichwörtlich wieder zurück. Das gilt auch dann, wenn ein Planet, obwohl kein Signifikator, an der Hausspitze desjenigen Hauses steht, der dem Gesuchten zugeordnet ist, und dort rückläufig ist. Bedenken Sie, dass der Mond als Mitsignifikator nicht rückläufig werden kann.

Dies sind die wichtigsten positive Merkmale für das Wiederfinden eines gesuchten Gegenstandes, eines Tieres oder eines Menschen.

Es müssen auf keinen Fall alle diese Kriterien erfüllt sein. Es reicht meistens schon, wenn einer dieser ersten drei Checkpunkte erfüllt ist wie z.B. die Eckhausposition oder die Rückläufigkeit eines Signifikators.

Falls die Punkte a) – c) nur negativ zu entscheiden sind, ist trotzdem noch nicht alles verloren.

Das Gesuchte wird auch bei Erfüllung von zwei oder mehr der folgenden Bedingungen wiedergefunden:

d) Es gibt einen Aspekt zwischen dem Herrscher des zweiten Hauses (Besitz) und einem der Signifikatoren für das Gesuchte. Das Gesuchte kommt wieder in den Besitz des Suchenden.
e) Der Mond macht applikativ ein Sextil oder ein Trigon zur Sonne.
f) Es gibt einen Aspekt zwischen dem Mond, dem natürlichen Signifikator für das Gesuchte, und dem Hauptsignifikator bzw. dem Verwandtschaftsplaneten für das Gesuchte. Das macht zwar logisch nur dann Sinn, wenn der Signifikator für das Gesuchte aus dem Besitzhaus zwei kommt. Nach meiner Erfahrung ist dieser Aspekt trotzdem oft auch ein Indikator für das Wiederfinden, obwohl es unlogisch klingt, dass »das Gesuchte zum Gesuchten« kommt.
g) Mindestens eines der Hauptlichter Mond oder Sonne steht über dem Horizont, also im Stundenhoroskop in den Häusern sieben bis zwölf.
h) Der Mond hat einen Aspekt zum eigenen Dispositor.
i) Einer der Signifikatoren für das Gesuchte hat einen Aspekt zum Aszendenten (dem Besitzer) oder zur Hausspitze zwei (dem Besitz). Dies bedeutet, dass das Gesuchte wieder in den Besitz des Fragestellers kommt, also gefunden wird. Die jeweiligen Aspekte müssen exakt sein (zwei Grad Unterschied höchstens).

Das Gesuchte wird nicht mehr wieder gefunden, falls
- keiner der Punkte a) bis c) erfüllt ist und lediglich einer der nachrangigen Indikatoren d) bis i) positiv ausfällt oder
- der Hauptsignifikator für das Gesuchte von der Sonne durch eine applikative Konjunktion verbrannt wird. Die Verbrennung durch die Sonne ist allerdings dann kein Hindernis für das Wiederfinden, wenn die Sonne selbst

Signifikator für das Gesuchte oder für den Sucher bzw. den Fragesteller ist.

Wenden wir die Checkliste nun auf unser *Pilotbeispiel 1* mit der gesuchten Katze an:

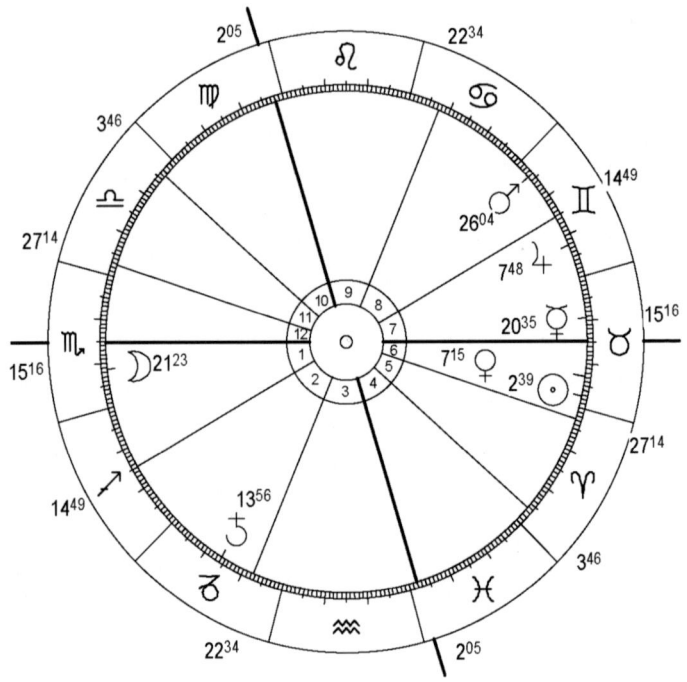

Abbildung 4: Werde ich meine Katze wiedersehen?

(a) ↑ Der Mond als Signifikator für das Gesuchte steht nahe am Aszendenten und folglich in einem Eckhaus. Damit sind wir eigentlich schon fertig, denn eines der wichtigsten drei Merkmale a) – c) zum Wiederfinden können wir mit Ja beantworten. Trotzdem gehen wir aus Übungsgründen auch die folgenden Punkte der Checkliste durch:

(b) ↓ Zwischen Mond und Mars gibt es keinen der fünf klassischen Aspekte.
(c) ↓ Der Mond als Signifikator für das Gesuchte kann nicht rückläufig werden.
(d) ↓ Zwischen dem Herrscher des zweiten Hauses, dem Jupiter und dem Mond gibt es keinen der fünf klassischen Aspekte.
(e) ↓ Die Opposition vom Mond zur Sonne ist separativ.
(f) Dieser Punkt entfällt, denn: Wir haben lediglich den Mond als natürlichen Signifikator für die gesuchte Katze. Es kann also keinen Aspekt zwischen dem Mond und einem möglichen Hauptsignifikator für das Gesuchte geben.
(g) ↓ Die Sonne ist gerade untergegangen (unter dem Horizont im Westen), während der Mond erst noch aufgeht (Nähe Aszendent – Morgendämmerung).
(h) ↓ Der Mond steht im Skorpion, also ist der Dispositor des Mondes der Mars. Aus (b) wissen wir bereits, dass es zwischen Mond und Mars keinen Aspekt geben wird.
(i) ↓ Der Mond steht mit gut 6 Grad Abstand am Aszendenten, das ist noch nicht nahe genug, damit wir von einer Konjunktion (also einem Aspekt) sprechen könnten. Damit steht auch der Mond in keinem Aspekt zur Spitze des zweiten Hauses.

Alle Punkte der Checkliste bis auf den ersten sind negativ beantwortet und trotzdem wurde die Katze am nächsten Tag wiedergefunden! Sie war tatsächlich (der natürliche Signifikator Mond steht im Eckhaus) nahe bei der Fragestellerin. Wo, das werden wir in Kapitel IV sehen. Nun folgen die ersten **Übungshoroskope**. Die Lösungen finden Sie im Anhang ab Seite 164.

Übungshoroskop 1:
Finde ich meine Handtasche wieder?

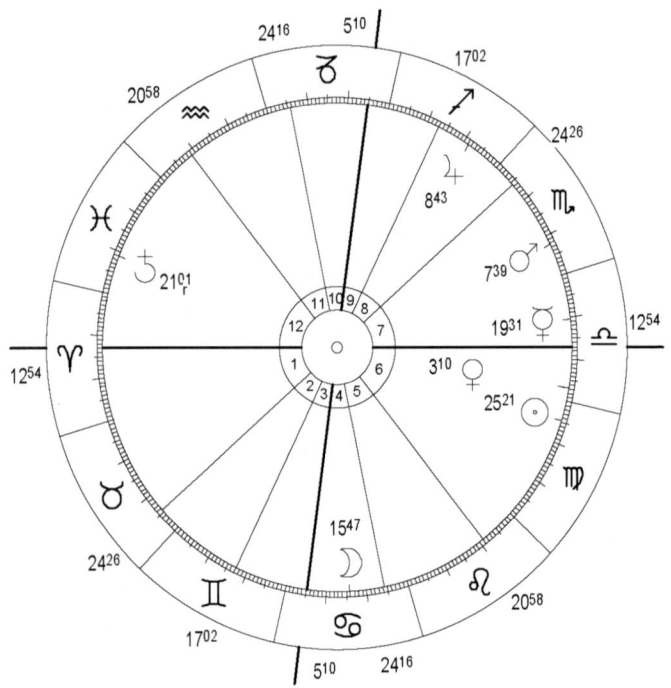

*Abbildung 8: 18. September 1995, um 20:04 Uhr MESZ
Ort geschützt, Placidus*

Der Hintergrund:

Ich hielt mich bei einer Freundin auf, die vergeblich ihre Handtasche suchte und mir vor Ort die Frage stellte.

Damit sind die **Schritte eins bis vier** schon geklärt. Das wird auch bei allen folgenden Beispielen immer so sein. Sie können sich gleich auf die Signifikatoren und die wichtige Checkliste konzentrieren.

Übungshoroskop 2:
Habe ich die Chance, meinen Schlüsselbund wieder zu finden?

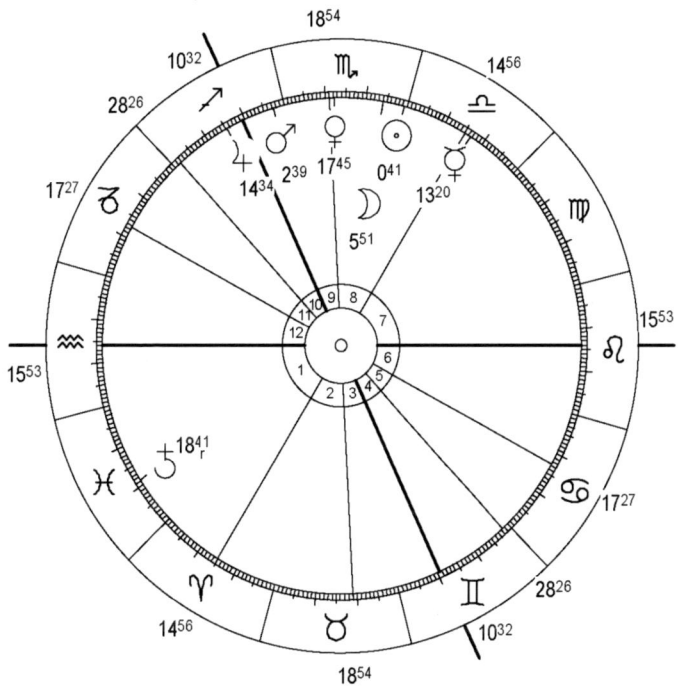

Abbildung 9: 24. Oktober 1995 um 14:56 Uhr MEZ
Ort geschützt, Placidus

Der Hintergrund:

Der Fragesteller vermisste seit etwa einer Woche seinen Schlüsselbund und wollte diesen natürlich wieder finden.

Übungshoroskop 3:
Wo ist mein Hausschlüssel?

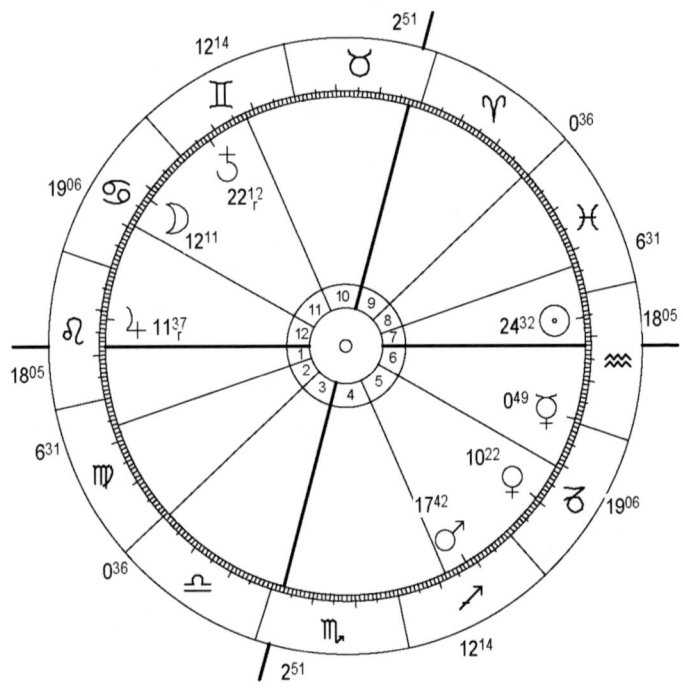

Abbildung 10: 13. Februar 2003 um 17:01 Uhr MEZ, in Bergisch Gladbach (7.07 O, 50.59 N), Placidus

Der Hintergrund:

Eine Frau vermisste seit einem Jahr den Hausschlüssel für ihr Haus. Sie war beunruhigt, weil sie verständlicherweise einen Einbruch befürchtete.

Übungshoroskop 4:
Kommt dieser Brief noch an?

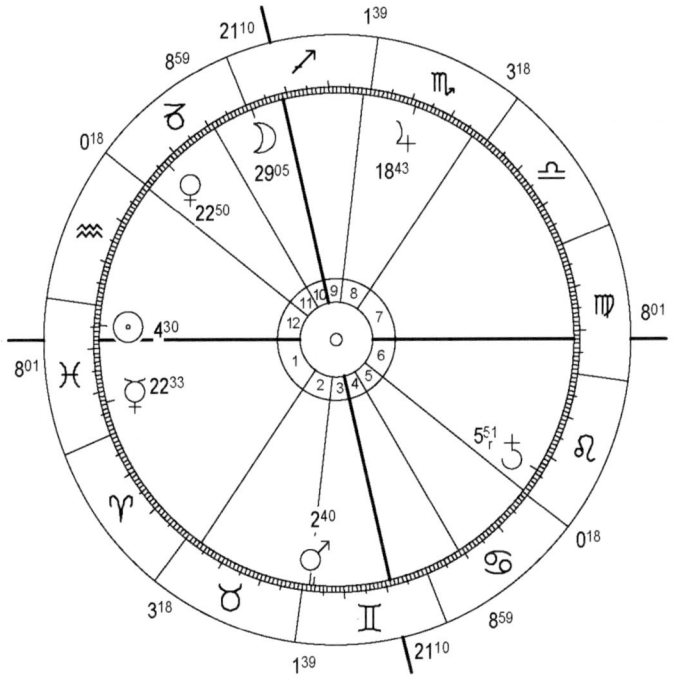

Abbildung 11: 23. Februar 2006 um 07:41 Uhr MEZ,
in Bergisch Gladbach (7.07 O, 50.59 N), Placidus

Der Hintergrund:

Eine Klientin erwartete einen für sie wichtigen Brief aus dem Ausland. Der Brief war seit gut drei Wochen überfällig.

Kapitel IV:
Die Analyseschritte 7 – 9

Wenn die Indikationen in der Checkliste positiv ausgefallen sind, können wir uns auf die Suche nach dem Gesuchten machen.

Schritt 7: Selbst suchen oder gefunden werden?

Wir klären die Frage, ob die Signifikatoren für das Gesuchte oder für den Sucher schneller sind. Daraus kann nämlich gefolgert werden, ob sich eine aktive Suche lohnt oder man lieber den Lauf der Dinge abwarten soll.

In den Übungsbeispielen 1, 2 und 4 bzw. dem Pilotbeispiel 1 fand sich das jeweils Gesuchte nicht durch einen aktiven Suchvorgang der Fragestellerin oder des Fragestellers, sondern mehr oder weniger zufällig tauchte der Gegenstand bzw. das Tier auf. Das liegt daran, dass die Planeten für das Gesuchte in diesen Beispielen immer schneller gewesen sind als der Fragesteller. Wenn man dies in einem Suchhoroskop sieht, kann man schon von der aktiven Suche abraten: Es wird sich alles wieder von selbst finden, weil es auf den Fragesteller zukommt.

Die durchschnittlichen Geschwindigkeiten der Planeten kennen wir schon aus Tabelle 4.

Nun könnte man natürlich sofort einwenden, der Mond sei doch immer der schnellste Planet, also kann man nie aktiv suchen! So gesehen stimmt das, jedoch haben wir in der Regel einen Hauptsignifikator für das Gesuchte. Wenn auch dieser schneller ist als der Signifikator für den Fragesteller, dann braucht man nicht selbst auf die Suche gehen, denn es wird nicht viel bringen und eher stressig sein.

Klassischer Planet	Symbol	Geschwindigkeit pro Tag
Mond	☽	etwa 13 Grad
Merkur	☿	Knapp 1,5 Grad
Venus	♀	Gut 1 Grad
Sonne	☉	Etwa 1 Grad
Mars	♂	30 Minuten
Jupiter	♃	5 Minuten
Saturn	♄	2 Minuten

Tabelle 4: Durchschnittliche Geschwindigkeit der Planeten

Im umgekehrten Fall, also wenn der Fragesteller der schnellere Planet und damit die Signifikatoren für das Gesuchte langsamer sind, dann kann man sich als Frager selbst mit Aussicht auf Erfolg auf die Suche begeben. Die Suchempfehlungen (Wo? An welchem Ort? In welche Himmelsrichtung?) machen dann erst Sinn.

Es gibt eine Situation, in welcher der Fragesteller als der schnellere Planet ebenfalls nichts zur Suche beitragen kann: Einer der Signifikatoren für das Gesuchte steht nahe an der Sonne. Dann verdeckt sprichwörtlich die Sonne das Gesuchte derart gut, dass man es durch eigenes Nachforschen schwerlich finden wird.

Sie sind sicher schon ganz neugierig, wo in den bisherigen Beispielen die Gegenstände beziehungsweise die Katze gefunden wurde. Die Frage also, **wo wir das Gesuchte finden werden**, werden wir mit den **Schritten 8 und 9** klären.

Schritt 8: Die Örtlichkeiten für das Gesuchte – am Boden oder oben oder wo sonst?

Wir haben im Horoskop einmal die Tierkreiszeichen und zum anderen die astrologischen Häuser.

Die **Tierkreiszeichen** repräsentieren den **Ort**, an dem sich das gesuchte Objekt befindet. Darum geht es in diesem Schritt acht.

Jedes der vier Elemente steht für mögliche Orte, an denen sich der gesuchte Gegenstand oder das verschwundene Lebewesen aufhalten könnte:

Die **Feuerzeichen** (Widder, Löwe, Schütze):
Orte, die in der Mitte liegen, also zwischen Boden und Decke.
In der Wohnung beziehungsweise im Haus sind dies die oberen Zimmer, nicht unbedingt das höchste.
Höher gelegene Plätze in einer Landschaft.
Orte, die mit Feuer beziehungsweise Wärme in Verbindung stehen (Heizungen, dort wo es heiß ist oder wo mit heißen Gegenständen hantiert wird etc.).

Die **Erdzeichen** (Stier, Jungfrau, Steinbock):
Orte nahe oder am Boden.
In der Wohnung und/oder im Haus das Erdgeschoss oder der Keller.
In Landschaften lang gezogene Ebenen oder Hohlwege.
Orte, die kühl sind (mit Steinboden, wenig oder keine Fenster im Raum etc.).

Die **Luftzeichen** (Zwillinge, Waage, Wassermann):
Orte, die oben liegen, also zum Beispiel das oberste Zimmer oder der Dachboden in einem Haus; das oberste Regal; in der Nähe des PC oder der Fenster.

In der Landschaft die am höchsten gelegenen Plätze (Hochebene, Gipfel, Kirchturm).
Orte mit viel Licht und Luftzufuhr (lichtdurchflutete Räume, Balkone etc.).

Die **Wasserzeichen** (Krebs, Skorpion, Fische):
Orte, die tief liegen (Teich im Garten, Swimmingpool).
In Landschaften alles, was mit Wasser zu tun hat (Flüsse, Morast, Seen).
Orte, an denen es feucht ist und/oder die tief liegen (Küche, Badezimmer, Waschmaschine, Kellerraum etc.).

Wenden wir die Frage nach der Örtlichkeit des Gesuchten auf unser *Pilotbeispiel 1* an:

Schritt 7 und 8 angewandt auf Pilotbeispiel 1

Der Signifikator für die Katze ist der Mond und der steht im Skorpion. Das Tierkreiszeichen Skorpion ist ein Wasserzeichen. Also wird sich das Tier an feuchten oder tiefer liegenden Plätzen aufhalten. Da es nahe bei der Fragestellerin ist (Mond in einem Eckhaus), wird sich die Katze im Haus der Fragestellerin aufhalten und dort zum Beispiel im Erdgeschoss oder im Keller.

Wo wurde die Katze gefunden?

Am Morgen des nächsten Tages hörte die Fragestellerin im Keller einer Nachbarin eine Katze kläglich jaulen. Sie war dort aus Versehen eingeschlossen worden!

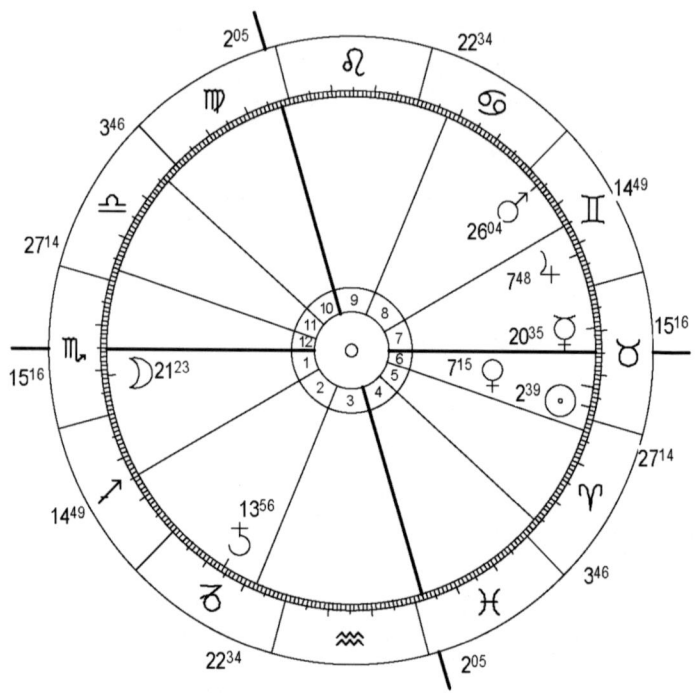

Abbildung 4: Werde ich meine Katze wiedersehen?

Schritt 7 und 8 angewandt auf Übungshoroskop 1

Wie sieht dies in Übungshoroskop 1 aus?
In diesem Beispiel haben wir zwei Signifikatoren für die gesuchte Handtasche: Die Venus als Hauptsignifikator und den Mond als natürlichen Signifikator. Die Venus steht in einem Luftzeichen (Waage) und der Mond in einem Wasserzeichen (Krebs).

Das sind widersprüchliche Aussagen. Wie können wir diese Verwirrung auflösen?

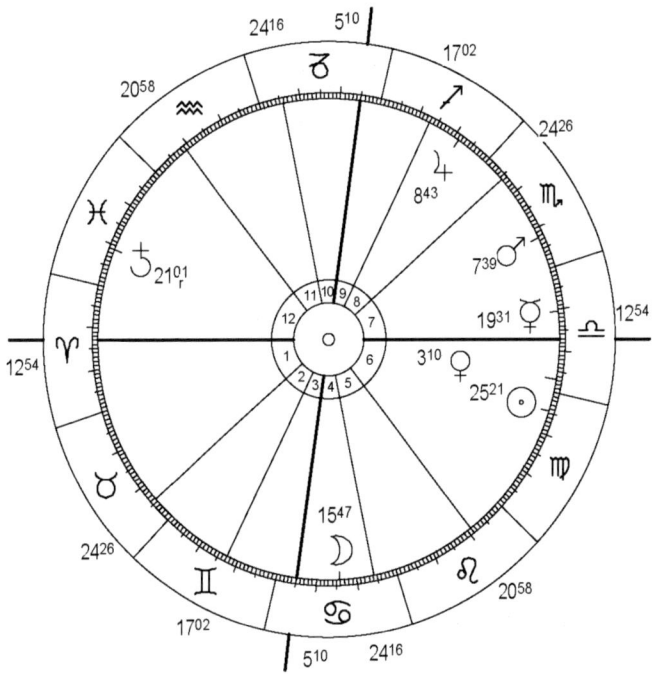

Abbildung 8: Finde ich meine Handtasche wieder?

Analysieren wir beide Signifikatoren:
Venus im Luftzeichen bedeutet, dass die Handtasche an hochgelegenen und lichtdurchfluteten Plätzen liegt.
Mond in einem Wasserzeichen weist auf tiefer gelegene und feuchte Orte hin.
Das passt natürlich nicht zusammen. Also lassen wir uns vom Horoskop führen, das ist weise genug, um uns an die richtige Stelle zu führen:
Während die Venus in einem fallenden Haus steht, hält sich der Mond in einem Eckhaus auf. Das Eckhaus hat den Vorrang, weil es die Nähe des Gesuchten zur Fragestellerin anzeigt. Also konzentrieren wir uns bei der Frage nach

dem Ort der gesuchten Tasche auf den Stand des Mondes im Tierkreiszeichen Krebs.

Wo wurde die Tasche gefunden?

Am Nachmittag des nächsten Tages fand die Freundin ihre Tasche in der Küche in einer dunklen Ecke. In Küchen ist es feucht (Mond in einem Wasserzeichen) und von daher gehören die Küchenräume zu den Wasserzeichen. Die beiden Hauptlichter, Mond und Sonne, befinden sich unter dem Horizont. Das ist ein Hinweis darauf, dass die Handtasche nicht offen daliegt (dunkle Ecke).

Schritt 9:
Die Himmelsrichtungen für das Gesuchte

In welcher der vier Himmelsrichtungen können wir fündig werden?

Jedes astrologische Haus im Suchhoroskop gibt eine Himmelsrichtung an und zugleich einen Hinweis darauf, wie weit das gesuchte Objekt vom Fragesteller entfernt ist:

Häuser	1, 4, 7, 10	2, 5, 8, 11	3, 6, 9, 12
Qualität	Eckhäuser	Mittelhäuser	Fallende Häuser
Entfernung vom Sucher	Nah, falls in enger Konjunktion mit einer Hauptachse	Unklar	Weiter weg

Tabelle 8-1: Häuser und Entfernungen

Haus	Himmelsrichtung
1	Osten
2	Nord-Ost
3	Nord-Nord-Ost
4	Norden
5	Nord-West
6	Westen
7	Westen
8	Südwest
9	Süd-Süd-West
10	Süden
11	Süd-Osten
12	Osten

Tabelle 8-2: Häuser und Himmelsrichtungen

Halten Sie sich bitte nicht sklavisch an diese Tabelle. Sie stellt nur eine grobe Orientierung dar. Wichtiger ist die Bedeutung der Signifikatoren an den Hauptachsen und in den Eckhäusern. Sind die Signifikatoren in einem dieser Eckhäuser, dann ist das Gesuchte zumindest nicht weit weg. Dabei ist es egal, welche Hauptachse vom Signifikator belegt wird.

Schritt 8 und 9 zusammengefasst würde etwa für einen Merkur im achten Haus in einem Erdzeichen bedeuten → das Dokument (Merkur) im südwestlichen Teil der Wohnung (achtes Haus) auf dem Boden (Erdzeichen) liegend.

▶ *Die Frage der Himmelsrichtung ist nicht einfach und insbesondere dann nicht besonders zuverlässig zu beantworten, wenn der gesuchte Gegenstand oder das gesuchte Lebewesen sich nahe bei dem Fragesteller, also etwa im Haus befindet. Wichtiger für das Finden sind die Örtlichkeiten und damit die Beschreibung durch die Signifikatoren in den Tierkreiszeichen.*

Kapitel V:
Der Analyseschritt 10
Besonderheiten

Besonderheit A:
Eingeschlossene Zeichen

Beim nächsten Schritt unserer Analyse eines Suchhoroskops kommen wir zu einer besonders spannenden Angelegenheit. Ich will Ihnen dies an einer mir selbst gestellten Frage erläutern und dabei alle bisherigen Schritte eins bis neun zusammenfassen:

Pilotbeispiel 2:
Wo ist mein Briefumschlag mit dem Geld?

Der Hintergrund:

Ich war von einem Seminar zurückgekommen und saß am Morgen des darauf folgenden Tages an meinem Schreibtisch. Mein Honorar hatte ich am vorangegangenen Abend in einen Briefumschlag gesteckt. Es war spurlos verschwunden. Daraufhin stellte ich obige Frage.

Schritt 5: Signifikatoren

- Ich als Fragesteller bin die Venus, weil der Aszendent in der Waage steht.

- Der gesuchte Briefumschlag ist einmal ein Dokument, also Haus drei zugeordnet: Jupiter aus dem Haus drei (die Hausspitze drei steht im Schützen). Zum anderen ist er auch ein Wert, also Haus zwei, weil ich nach meinem Honorar gefragt hatte. Haus zwei beginnt im Skorpion, also ist Mars auch ein Hauptsignifikator für das gesuchte Geld.
Wir haben deshalb zwei Hauptsignifikatoren: Jupiter und Mars.
- Der natürliche Signifikator für das Gesuchte ist wie immer der Mond.
- Der Verwandtschaftsplanet für Briefe ist Merkur.

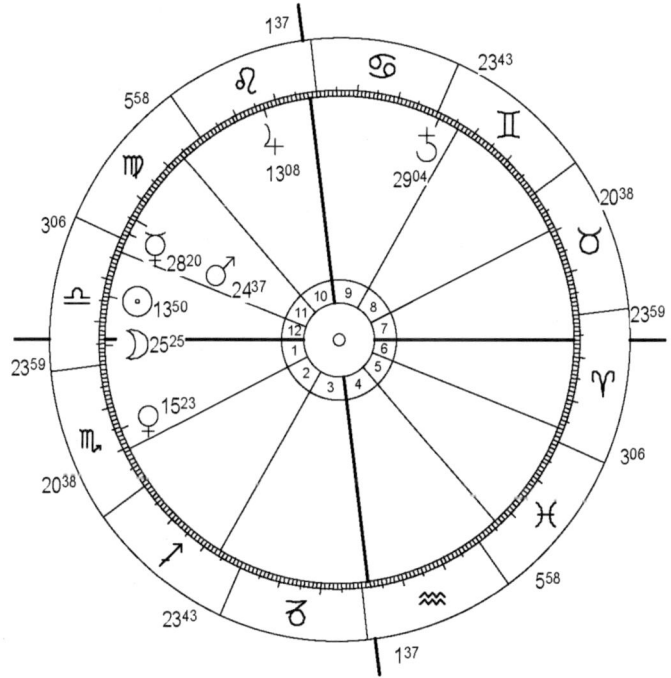

Abbildung 12: 7. Oktober 2002 um 08:44 Uhr MESZ, in Bergisch Gladbach, D (7.07 O, 50.59 N), Placidus

Schritt 6: Checkliste

(a) ↑ Der Mond steht nahe am Aszendenten, nahe an der Spitze eines Eckhauses.
Der Briefumschlag muss also in meiner unmittelbaren Nähe sein, was durch die Tatsache bestätigt wird, dass der Mond und die Venus weniger als 30 Grad auseinander stehen.

(b) ↑ Schön wäre es, wenn das applikative Sextil der Venus zu Mars perfekt werden würde. Leider ist das nicht der Fall, wenn wir in die Ephemeriden schauen: Die Venus wird in vier Tagen rückläufig und deshalb wird es nichts mit diesem Sextil. Doch hat die kommende Rückläufigkeit der Venus auch einen Vorteil:
Obwohl das Quadrat zu Jupiter separativ ist, wird dieser Aspekt, wenn Venus wieder zurückläuft, wieder applikativ werden. Ich als Fragesteller (Venus) werde den Briefumschlag (Jupiter) wiederfinden. Es macht also nichts, wenn die Gegenantiszie des Jupiters, die auf knapp 17 Grad in den Skorpion fällt, von der Venus wegen deren Rückläufigkeit nicht mehr erreicht wird. Mond und Venus werden keinen Aspekt miteinander bilden.

(c) ↓ Jupiter und Mars sind nicht rückläufig.

(d) ↓ Mars als Herrscher des Besitzhauses zwei bekommt weder von der Venus (siehe b) noch vom Mond einen Aspekt.

(e) ↓ Der Mond hatte eine Konjunktion mit der Sonne, der Aspekt ist also separativ.

(f) ↓ Siehe d) und auch das Sextil des Mondes zu Jupiter ist separativ.

(g) ↑ Die Sonne ist soeben aufgegangen, und der Mond geht auch gleich auf (wir hatten eben Neumond).

(h) ↓ er Dispositor des Mondes ist die Venus (der Mond steht in der Waage). Aus b) wissen wir, dass es zwischen Mond und Venus keinen Aspekt gibt.

(i) ↑ Der Mond hat eine enge Konjunktion zum Aszendenten.

Bei dieser Fülle von positiven Anzeichen, insbesondere den ersten zwei Merkmalen, lehnte ich mich sofort zurück und entspannte mich. Besonders der Mond am Aszendenten zeigte mir sofort, dass der Briefumschlag mit dem Geld sich wieder finden würde. Die Konjunktion des Mondes mit der Sonne war auch kein Hindernis, denn der Mond hatte sich schon aus der Verbrennung gelöst.

Schritt 7: Sollte ich selbst suchen oder einfach abwarten?

Venus ist und war schneller als Mars beziehungsweise Jupiter. Ich sollte also aktiv suchen. Doch ich hatte keine große Lust, mein Arbeitszimmer auf den Kopf zu stellen. Mir war klar, dass ich das Geld wiederfinden würde und zwar auch recht schnell (Mond nah am AC).

Schritt 8:

Das Horoskop verweist auf den Mond als den wichtigsten Signifikator, weil dieser am Aszendenten steht. Mond in dem Luftzeichen bedeutet, dass der Briefumschlag zumindest nicht am Boden, sondern eher oben liegen wird.

Schritt 9:

Der Aszendent symbolisiert den Osten und in östlicher Richtung lag mein Arbeitszimmer. In diesem Zimmer befand sich in östlicher Richtung ein Bücherregal wie auch ein Ordnerkasten auf meinem Schreibtisch mit allen aktuellen Arbeitsvorgängen.

Schritt 10:

Nun zur Besonderheit: Das Tierkreiszeichen Steinbock ist im dritten Haus eingeschlossen. Das ist deshalb wichtig, weil dieses Haus einen Hauptsignifikator für das Gesuchte beherbergt.

▶ *Ist entweder ein Tierkreiszeichen in einem Haus, das zum Gesuchten gehört, eingeschlossen oder ein entsprechender Signifikator in einem Tierkreiszeichen eingeschlossen, dann befindet sich das Gesuchte oft an einem Platz, wo es nicht hingehört. Zumindest ist es sprichwörtlich »eingeschlossen«.*

Genau dies war der Fall! Vielleicht auch deshalb, weil ich nach dem Blick auf das Stundenhoroskop ganz entspannt war, arbeitete ich diesen Morgen wie gewohnt am Schreibtisch und die Gedanken an das Geld waren erstmal verschwunden. Nach ein paar Stunden holte ich aus dem erwähnten Ordnerkasten auf meinem Schreibtisch eine Mappe heraus. Als ich diese öffnete – Hoppla! – da war der Briefumschlag mit dem Geld darin! Dieser Ordner hatte überhaupt nichts mit finanziellen Dingen zu tun. Der Briefumschlag musste aus Versehen dort hineingeraten sein.

Der Ordnerkasten befand sich wie schon erwähnt in östlicher Richtung und in Reichweite meines »östlichen« Armes (Mond prominent am AC). Ein wunderschönes Beispiel, das ich mir selbst inszeniert hatte!

Nun wieder ein Beispiel, nämlich das **Übungshoroskop 5.**

Übungshoroskop 5:
Finde ich mein Schreibetui wieder?

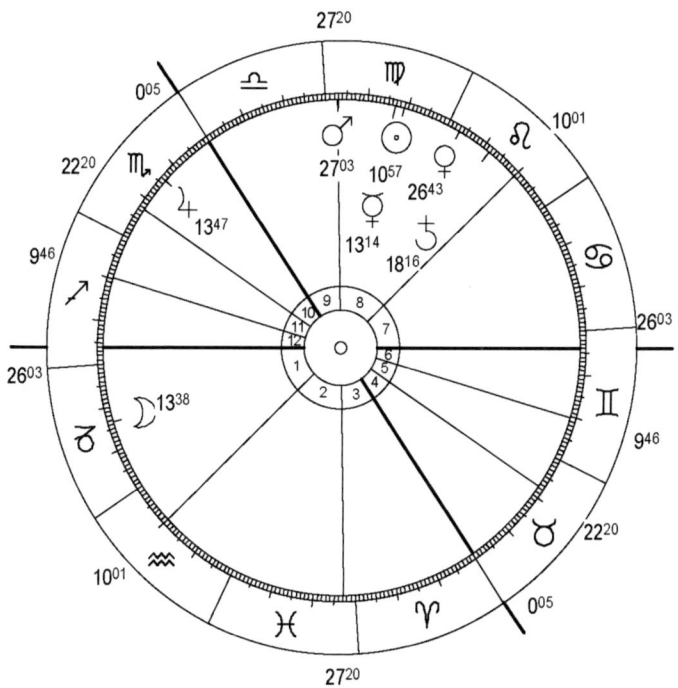

Abbildung 13: 3. September 2006 um 16:31 Uhr MESZ, Ort geschützt, Placidus

Der Hintergrund:

In meinem damaligen Arbeitskreis zur Stundenastrologie stellte eine Kollegin diese Frage vor. Sie suchte seit zwei Monaten vergeblich ein wertvolles Schreibetui. Sie hatte schon bei einer Autobahnraststätte nachgefragt, weil sie vermutete, dass auf einer Fahrt mit dem Auto dieser für sie wichtige Gegenstand verloren gegangen sein könnte. Nun knöpften wir uns also dieses Horoskop eines Abends in der Runde vor. Die Lösung finden Sie im Anhang auf Seite 171.

Besonderheit B: Die wechselseitigen Rezeptionen

Stellen Sie sich vor, Sie machen einen Wohnungstausch: Sie ziehen für eine gewisse Zeit in das Haus eines Freundes und dieser umgekehrt in Ihr Haus. Schon haben Sie das Prinzip der wechselseitigen Rezeptionen verstanden. Sie müssen nur dabei noch bedenken, dass bei der Anwendung auf das Stundenhoroskop mit »Häusern« nicht die astrologischen Häuser gemeint sind, sondern die Tierkreiszeichen.

Schauen wir uns das in Abbildung 14 an: Die Sonne steht im Wassermann, also im Tierkreiszeichen, das zum Saturn gehört und umgekehrt der Saturn im Löwen, also demjenigen Zeichen, das zur Sonne gehört. Man sagt dann, dass sich Sonne und Saturn in *wechselseitiger Rezeption* befinden. Man betrachtet bei wechselseitigen Rezeptionen immer die Planeten in ihren Tierkreiszeichen, in denen sie sich grundsätzlich wohlfühlen. Von der *Tab. 1* aus dem *Prolog* kennen Sie die Zuordnung der klassischen Planeten zu den Tierkreiszeichen. Diese Zuordnungstabelle gibt die sogenannte *Heimstatt* der Planeten in ihren Tierkreiszeichen wieder, auch vom Lateinischen kommend *Domizil* genannt.

Nun gibt es für jeden Planeten im Tierkreiszeichen Aufenthaltsorte, in denen er sich ebenso wohlfühlt. Das sind die Tierkreiszeichen, in denen ein Planet erhöht ist oder sich, wie man auch sagt, *in Erhöhung* befindet. In diesem jeweiligen Tierkreiszeichen wird er, abgesehen von seinem Domizil, besonders unterstützt, weil für ihn die Erhöhung wie eine Art Gastzustand ist.

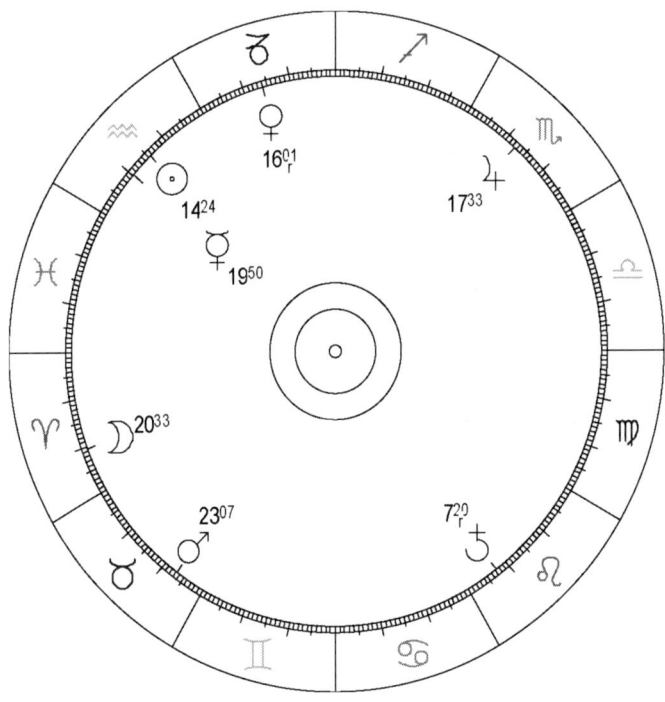

Abbildung 14: Wechselseitige Rezeptionen

In der folgenden Tabelle habe ich für Sie die Zuordnung der Planeten zu den Tierkreiszeichen hinsichtlich Domizil und Erhöhung zusammengefasst:

Tierkreiszeichen	Planet im Domizil	Planet in Erhöhung
Widder	♂	☉
Stier	♀	☽
Zwillinge	☿	-
Krebs	☽	♃
Löwe	☉	-
Jungfrau	☿	☿
Waage	♀	♄
Skorpion	♂	-
Schütze	♃	-
Steinbock	♄	♂
Wassermann	♄	-
Fische	♃	♀

Tabelle 9: Planeten im Domizil und in Erhöhung

Diese Zuordnung ist zur Bestimmung der wechselseitigen Rezeptionen wichtig. In Abbildung 14 auf Seite 73 stehen damit auch Mars und Venus in wechselseitiger Rezeption: Die Venus steht im Steinbock, dem Erhöhungszeichen für Mars, und der Mars steht im Stier, dem Domizil der Venus.

Auch Mond und Mars stehen in wechselseitiger Rezeption, denn der Mond steht im Domizil des Mars und der Mars in der Erhöhung des Mondes.

▶ *Die sonst in der Stundenastrologie verwendeten »schlechten« essenziellen Würden wie das Exil oder der Fall oder die »gute«*

Würde der Triplizität sind nach meiner Erfahrung bei Suchhoroskopen ohne Bedeutung. Auch haben für mich die in der klassischen Astrologie verwendeten Würden der »Grenzen« und der »Dekanate« in Stundenhoroskopen keine besondere Aussagekraft.

Übung 5

Listen Sie in der folgenden Grafik alle wechselseitigen Rezeptionen auf. Die Lösungen finden Sie im Anhang auf Seite 161.

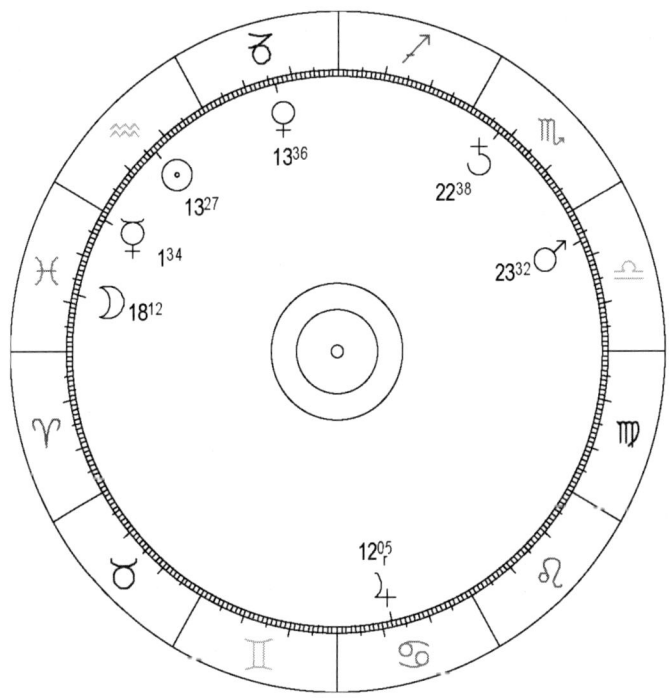

Abbildung 15: Horoskop zu Übung 5

Wie man bei einer Suchfrage die wechselseitigen Rezeptionen nutzbringend anwenden kann, sehen Sie im folgenden **Pilotbeispiel 3**:

Meine Frau hatte sich per Vertrag mit ihren künstlerischen Produkten für einen Weihnachtsmarkt in Köln angemeldet. Sie benötigte nun den Durchschlag des Vertrags, fand diesen aber nicht mehr. Daraus resultierte ihre Frage: Wo ist der Vertrag für den Weihnachtsmarkt?

Pilotbeispiel 3:
Wo ist der Vertrag für den Weihnachtsmarkt?

Wie immer gehen wir erst einmal unsere einzelnen Schritte durch. Bei Schritt 10 kommen wir zur Besonderheit der Rezeptionen. Die Schritte eins bis vier sind wie immer klar.

Schritt 5: Die Signifikatoren

- Der Aszendent ist Krebs, also ist der Mond der Hauptsignifikator für meine Frau. Dieser Planet kommt damit als natürlicher Signifikator für das Gesuchte nicht mehr infrage.
- Ein Vertrag ist ein Schriftstück, ist also dem dritten Haus zugeordnet. Die Spitze des dritten Hauses befindet sich noch im Löwen.
  Der Mond steht an der Hausspitze des zweiten Hauses und führt uns zum zweiten Haus für das gesuchte Schriftstück. Diese Hausspitze steht ebenfalls im Löwen. Damit ist die Sonne als Hauptsignifikator bekräftigt.
- Als Verwandtschaftsplaneten für Schriftstücke haben wir noch den Merkur.

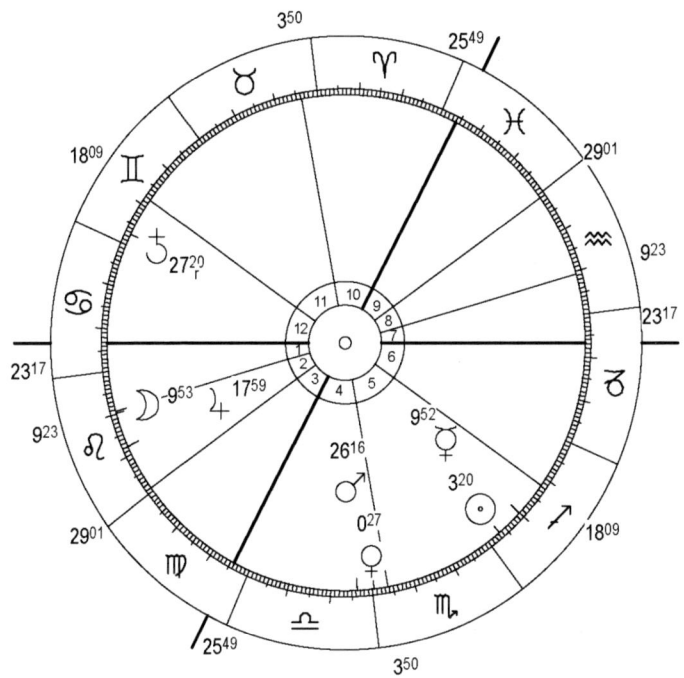

Abbildung 16: 25. November 2002 um 19:58 Uhr MEZ, in Bergisch Gladbach (7.07 O, 50.59 N), Placidus

Schritt 6: Checkliste:

(a) ↓ Weder der Merkur noch die Sonne befinden sich in einem Eckhaus.
(b) ↑ Der Mond hat sich vom Trigon zur Sonne gelöst. Das Trigon des Mondes zu Merkur ist noch exakt. Die eine Bogenminute, die der Aspekt schon separativ ist, habe ich vernachlässigt.
(c) ↓ Merkur ist nicht rückläufig.
(d) ↓ Das zweite Haus wird von der Sonne beherrscht. Merkur entfernt sich von der Konjunktion zur Sonne.

(e) ↓ Siehe b)
(f) Entfällt, weil der Mond als Signifikator für das Gesuchte nicht zur Verfügung steht.
(g) ↓ Beide Hauptlichter stehen unter dem Horizont.
(h) ↓ Der Mond steht im Löwen, also ist sein Dispositor die Sonne. Wegen b) haben wir keinen Aspekt des Mondes zu seinem Dispositor.
(i) ↑ Merkur appliziert die Spitze des zweiten Hauses im Trigon.

Der Merkur ist zwar von der Sonne verbrannt, jedoch ist die Konjunktion der beiden Planeten separativ. Wir haben also keine Veränderung der positiven Anzeichen (hauptsächlich b) für das Wiederfinden.

Nach **meiner Einschätzung** wird sich der Vertrag wiederfinden.

Schritt 7: Selbst suchen oder gefunden werden?

Da der Mond der schnellste Planet ist und für die Fragestellerin steht, kann sie sehr wohl aktiv zur Suche beitragen.

Schritt 8: Die Örtlichkeiten für das Gesuchte

Mit den beiden Hauptsignifikatoren für das Gesuchte, Merkur und Sonne, in einem Feuerzeichen wird sich das Dokument auf halber Höhe befinden. Das bedeutet in diesem Fall, dass es weder am Boden liegt noch in oberen Regalen gelandet ist.

Schritt 9: Die Himmelsrichtungen für das Gesuchte

Merkur und Sonne befinden sich im fünften Haus. Wir können daher eine nordwestliche Richtung anpeilen.

Schritt 10: Besonderheiten

Jetzt kommen wir zu den wechselseitigen Rezeptionen:
Die Sonne als Hauptsignifikator für das gesuchte Dokument steht im Schützen, im Domizil des Jupiters. Jupiter steht im Löwen, im Domizil der Sonne. Beide Planeten befinden sich also in wechselseitiger Rezeption.

Aufgrund dieser Tatsache war meine Einschätzung, dass der Vertragsdurchschlag vertauscht worden war und jetzt in einem anderen, dicken Ordner gelandet ist. Warum dies? Jupiter steht für große Gegenstände und der Mond appliziert den Jupiter (mit dem die Sonne eine Rezeption verbindet) in Konjunktion. Meine Frau Mond kommt also mit diesem vertauschten Dokument wieder zusammen!

Auch haben wir ein eingeschlossenes Zeichen, und zwar ist die Waage im vierten Haus eingeschlossen, dem Haus für die verborgenen Schätze. Das ist ein Hinweis in die gleiche Richtung: Das Dokument befindet sich an einem Ort, wo es nicht hingehört.

Tatsächlich fand meine Frau zwei Tage später die gesuchte Vertragsdurchschrift in einer Plastikhülle in einem anderen, dicken Ordner nahe am Schreibtisch, der mit der ganzen Angelegenheit gar nichts zu tun hatte. Ihr Arbeitszimmer und damit Ihr Schreibtisch befinden sich in nördlicher Himmelsrichtung. Die Richtungsangabe Nordwest hatte nicht gestimmt, das ist aber häufig bei Suchfragen ein Problem.

▶ *Meine Erfahrung ist, wie schon erwähnt, dass die Angaben zu den Himmelsrichtungen nicht immer zuverlässig sind, dagegen die Örtlichkeiten, repräsentiert durch die Tierkreiszeichen, genauer beschrieben werden können.*

Fruchtbarer sind die Hinweise, ob sich das Gesuchte nahe beim Sucher befindet und ob es vertauscht worden ist. Das allein lässt den Frager oft schon erleichtert durchatmen.

▶ *Sowohl eingeschlossene Häuser wie auch wechselseitige Rezeptionen (Schritt 10) liefern Hinweise, ob das Gesuchte vertauscht worden ist und sich an einem Platz befindet, wo es nicht hingehört.*

Übungshoroskop 6: Wo ist der Gartenschlüssel?

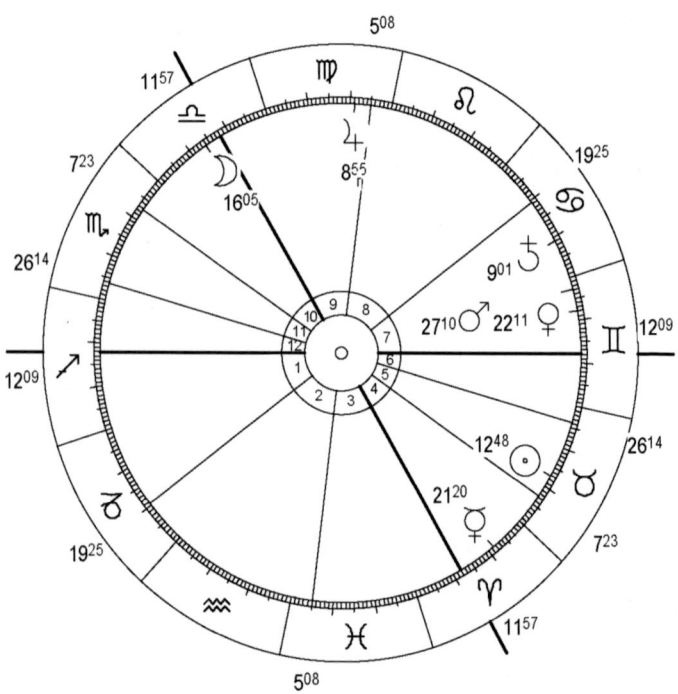

Abbildung 17: 2. Mai 2004 um 23:31 Uhr MESZ, in Bergisch Gladbach (7.07 O, 50.59 N), Placidus

Der Hintergrund:

In unserem Mietshaus gibt es einen Garten, den jeder betreten kann. Für diesen Zweck ist im Hausflur an einem Haken der Gartenschlüssel hinterlassen. Ich hatte tags zuvor diesen Schlüssel benutzt und stellte nun fest, dass er plötzlich verschwunden war. Ich war beunruhigt, weil ich befürchtete, ich hätte ihn verschlampt. Die Lösung finden Sie im Anhang auf den Seiten 174ff.

Kapitel VI:
Weitere Übungsbeispiele

Ich möchte Sie an dieser Stelle noch einmal ermuntern, die Beispielhoroskope selbstständig zu bearbeiten und sich dann erst im Anhang ab Seite 177 die Lösungen zu Gemüte zu führen. Dabei sind die **Checkliste** (Analyseschritt sechs) und die **Ephemeriden** der entsprechenden Monate für die Bearbeitung notwendig.

▶ *Lassen Sie sich immer vom Fragehoroskop führen! Sie brauchen sich nicht jedes Mal den Kopf darüber zerbrechen, in welchem Haus Sie nun nach dem Gesuchten schauen sollen – seien Sie unbesorgt, das Stundenhoroskop wird Sie im Zweifelsfall zum richtigen Haus für das Gesuchte führen.*

Schauen wir uns zur Erläuterung des obigen Hinweises ein Beispiel an:

Sie suchen Ihr verlorenes Schmuckstück. Der Planet, der über das erste Haus herrscht und den Fragesteller symbolisiert, steht an der Spitze des vierten Hauses. Dann haben Sie einen deutlichen Hinweis, dass der gesuchte Gegenstand hier als »verborgener Besitz« zum vierten Haus und nicht zum zweiten Haus gehört.

Nehmen wir noch ein anderes Beispiel, an dem Sie die Führung durch das Stundenhoroskop sehen können:

Sie suchen einen Brief. Der Verwandtschaftsplanet für Briefe, Merkur, steht an der Spitze des zweiten Hauses. Dann sollten Sie nicht den Herrscher des dritten Hauses als Signifikator für das Gesuchte nehmen, auch wenn Schriftstücke, also Briefe, in der Regel zum dritten Haus gehören. Zum einen gibt die genannte Konstellation den

Fingerzeig, dass Merkur selbst und der Herrscher des zweiten Hauses in diesem Fall für das Gesuchte stehen. Zum anderen ist der Merkur schon natürlicher Signifikator für den gesuchten Brief, und damit macht es Sinn, ihn auch als Hauptsignifikator für das Gesuchte zu nehmen. Vermutlich wird der Brief eine persönliche Bedeutung für den Fragesteller haben, und deshalb will er ihn gerne (wieder) in Besitz (Haus zwei) nehmen. Man wird also an dieser Konstellation auch den Hintergrund erkennen können, warum die ursprüngliche Regel, der Signifikator für einen Brief ist der Herrscher des dritten Hauses, in solch einem Fall umgangen werden sollte.

Übungshoroskop 7:
Wo ist der Schlüssel zum Sekretariat?

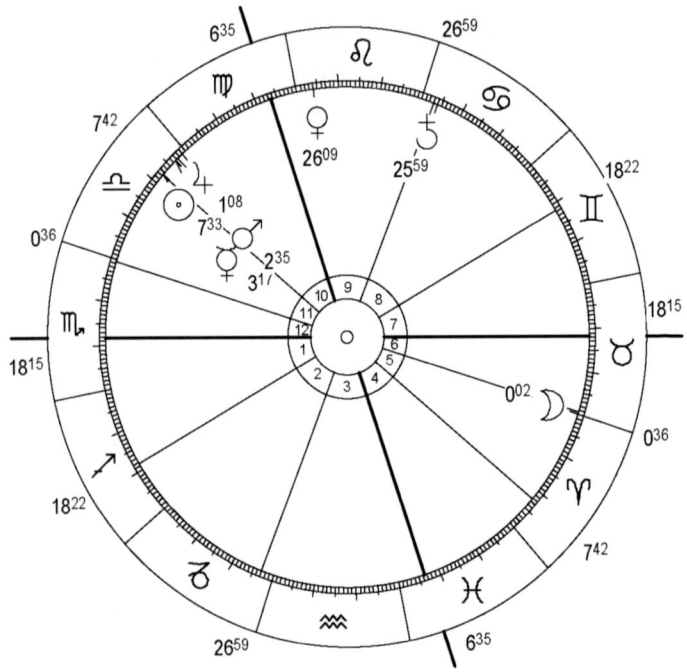

Abbildung 18: 30. September 2004 um 11:27 Uhr MESZ,
in Bergisch Gladbach (7.07 O, 50.59 N), Placidus

Der Hintergrund:

Eine Freundin rief mich aufgeregt an. Sie hatte den Schlüssel zum Sekretariat an ihrer Arbeitsstelle verloren. Dieser Schüssel diente auch als Generalschlüssel für alle anderen Arbeitsräume, und von daher war es ihr sehr unangenehm, dass sie ihn nicht wiederfand.

Übungshoroskop 8:
Wo sind die Belege für das Finanzamt?

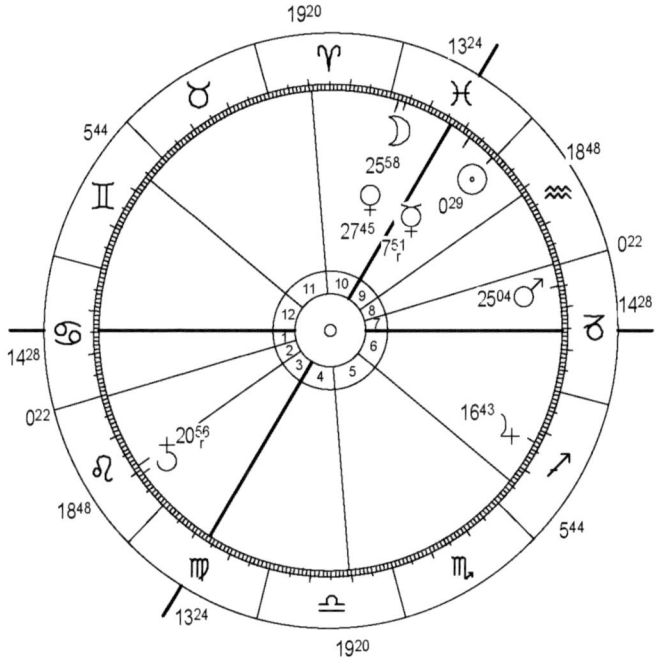

Abbildung 19: 19. Februar 2007 um 13:34 Uhr MEZ, in Bergisch Gladbach (7.07 O, 50.59 N), Placidus

Der Hintergrund:

Ein Freund rief mich an mit der Bitte, ihn bei der Suche nach den Belegen für den Steuerberater zu unterstützen. Die Unterlagen waren nämlich spurlos verschwunden.

Übungshoroskop 9:
Wo ist die Mappe mit den Klausuren?

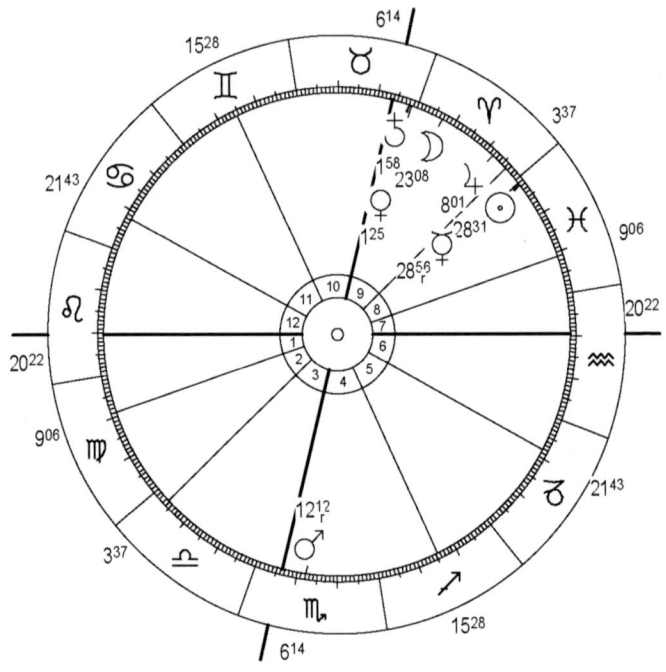

*Abbildung 20: 19. März 1999 um 15:01 Uhr MEZ,
in Köln (06.59 O, 50.56 N), Placidus*

Der Hintergrund:

Während meiner Tätigkeit an einem Weiterbildungsinstitut stellte ich plötzlich fest, dass ich eine Mappe mit den Klausuren des Jahrgangs vermisste. Das war ziemlich peinlich.

Übungshoroskop 10:
Wo ist meine wertvolle Uhr?

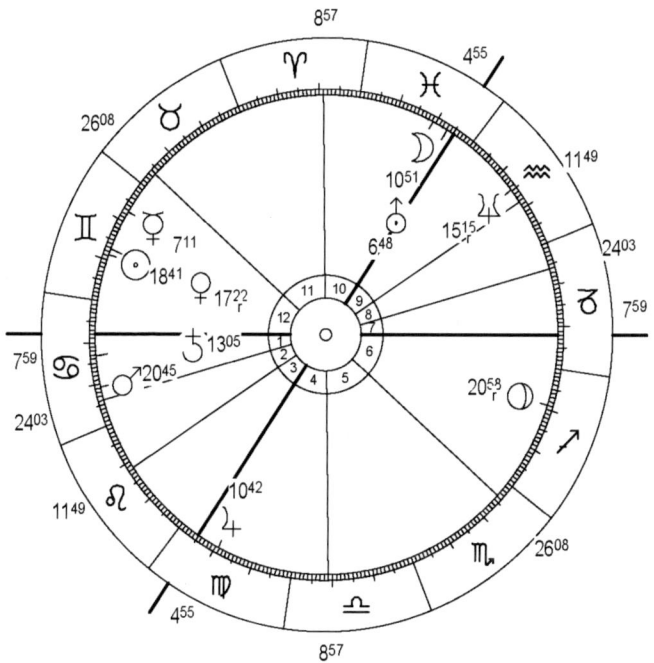

Abbildung 21: 9. Juni 2004 um 6:47 Uhr MESZ,
in Bergisch Gladbach (7.07 O, 50.59 N), Placidus

Der Hintergrund:

Meine Frau vermisste am frühen Morgen ihre wertvolle Armbanduhr und sie fragte mich auf die Schnelle, wo denn dieses Schmuckstück geblieben sei.

Sie sehen in obiger Horoskopgrafik, dass ich im Unterschied zu den vorangegangenen Beispielen die drei Langsamläufer Uranus, Neptun und Pluto eingezeichnet habe.

Im folgenden Kapitel werde ich mich nämlich mit den Auswirkungen dieser drei nicht-klassischen Planeten im Suchhoroskop beschäftigen.

Im Beispiel mit der Suche nach der wertvollen Uhr meiner Frau steht Uranus prominent: Mit knapp zwei Grad Abstand macht er sich an der Himmelshöhe, dem MC, bemerkbar. In solch einem Fall hat Uranus eine wichtige Auswirkung. Er weist daraufhin, dass mit einer für das Anliegen bedeutsamen Überraschung zu rechnen ist.

Doch lassen Sie uns die Thematik der Langsamläufer im nächsten Kapitel genauer anschauen. Bearbeiten Sie bitte auch dieses Beispiel erst noch ohne die Langsamläufer.

Kapitel VII:
Der Analyseschritt 11
Die Transsaturnier
Uranus, Neptun und Pluto

Im Prolog hatte ich schon die modernen Planeten Uranus, Neptun und Pluto erwähnt. In der modernen Form der Astrologie beherrschen diese drei Planeten auch einzelne Tierkreiszeichen, nämlich Uranus den Wassermann, Neptun die Fische und Pluto das Tierkreiszeichen Skorpion.

Damit ist auch die Doppelbelegung der Planeten Merkur, Venus und Jupiter für die jeweiligen Tierkreiszeichen aufgehoben. In der klassischen Astrologie und damit in der Stundenastrologie, also auch bei den Suchfragen, hat sich jedoch die alte, klassische Zuordnung (siehe Tabelle 1) bewährt.

Bei bestimmten Konstellationen im Suchhoroskop leisten die Langsamläufer allerdings wertvolle Dienste. Diese will ich Ihnen wie immer zuerst an einem Pilotbeispiel zeigen. Anschließend können Sie wiederum selbst Übungshoroskope mit besonderem Fokus auf die Langsamläufer bearbeiten.

Wer sind die drei, Uranus, Neptun und Pluto?

Uranus wurde im Jahre 1781 entdeckt. Die Besonderheit dieses Planeten ist, dass seine Rotationsachse angenähert in der Umlaufbahn um die Sonne liegt. Uranus rotiert also nicht wie üblich um das Zentralgestirn, sondern wälzt sich quasi um die Sonne. Symbolisch ausgedrückt kann man sagen, dass sich dieser Planet von allen andern abheben will, etwas Besonderes sein will.

Die Geschichte der Entdeckung von **Neptun** ist, wie nicht anders zu erwarten, auch eine Symbolik für die astrologische Deutung. Der 1846 entdeckte Planeten fiel zuerst nur indirekt auf: Der 65 Jahre vorher entdeckte Uranus wich nämlich ständig von seiner berechneten Bahn ab. Deshalb kam man auf die Idee, dass es hinter Uranus noch einen anderen Planeten geben könnte, der ihn von seiner Bahn ablenkt, was dann auch tatsächlich zu Neptun führte. Zusätzlich besteht Neptun fast vollständig aus Gas und symbolisiert damit auch das gasförmige Element.

Pluto wurde im Jahre 1930 entdeckt. Er ist der kleinste aller Planeten und auch der langsamste. Während Uranus für seinen Lauf um die Sonne 84 Jahre und Neptun knapp 165 Jahre benötigt, um einmal um unsere Zentralgestirn zu laufen, braucht Pluto für einen Umlauf 248 Jahre.

Ähnlich wie bei der Suche nach einem neuen Planeten hinter Uranus vermutete man aufgrund von Abweichungen bei der berechneten Neptun-Bahn, dass es weiter draußen noch einen anderen Planeten geben müsste. Diese aufwändige Suche endete nach 25 Jahren 1930 mit dem Auffinden des Pluto. Der Prozess der Entdeckung ist sinnfällig für die Symbolik von Pluto: Langwierige und schwierige Prozesse, die letztlich zu wichtigen und fruchtbaren Ergebnissen führen.

Die Bedeutung von Uranus, Neptun und Pluto im Suchhoroskop

Prinzipiell kann man sagen, dass die Langsamläufer in prägnanten Positionen im Suchhoroskop die bisher behandelten Suchregeln außer Kraft setzen können.

Es gibt drei Möglichkeiten für solche prägnanten Positionen:
- Einer der drei Langsamläufer befindet sich an einer der vier Hauptachsen,
- an einer der Hausspitzen oder
- in enger Konjunktion (weniger als zwei Grad) mit einem der Signifikatoren.

Langsamläufer an einer Hauptachse
In meiner Praxis ist die häufigste Konstellation die enge Konjunktion eines dieser Planeten mit einer Hauptachse. Auch hier gilt, dass diese Konjunktion eng sein und damit weniger als 2 Grad Abstand haben sollte.

Uranus an einer Hauptachse bedeutet, dass es eine saftige Überraschung geben kann. Wenn die Analyse eine klare Aussage liefert, so kann Uranus die Analyse ins Gegenteil verkehren. Wenn zum Beispiel ein gesuchtes Objekt nicht mehr gefunden wird, kann Uranus die Aussage zum Glück auch ins Gegenteil verkehren. Uranus am Aszendenten heißt, dass zum Beispiel der Fragende überraschenderweise selbst den Gegenstand wiederfindet, während bei Uranus am Deszendenten das gesuchte Objekt plötzlich bei oder durch einen anderen Menschen gefunden werden kann. Uranus an der anderen Hauptachse, also entweder am IC oder am MC, gibt Hinweise darauf, dass das Verschwundene so schnell wieder auftauchen kann wie es verloren gegangen war.

Neptun an einer Hauptachse weist darauf hin, dass der Gegenstand möglicherweise gar nicht verloren ist. Eine andere Interpretation ist, dass der Fragesteller eigentlich eine andere Frage als eine Suchfrage hat (Neptun am AC). Neptun am Deszendenten kann heißen, dass ein Partner oder Kollege (siebtes Haus) den Gegenstand aus Versehen verräumt oder mitgenommen hat.

Pluto an einer Hauptachse vermittelt die Botschaft, dass die Suche nicht einfach ist oder dass sie sehr lange dauern kann. Gesuchte Gegenstände sind dann häufig unter vielerlei anderen Dingen begraben. Ist Pluto am Aszendenten, dann ist der Fragesteller unter großem Druck oder hat das Gesuchte gar selbst »verschlampt«, während bei Pluto am Deszendenten ein Mitmensch die Sache ganz tief »versteckt« hat.

Langsamläufer an einer Hausspitze

Ein Langsamläufer an einer Hausspitze spielt nur dann eine Rolle, wenn auch das betreffende Haus im Suchhoroskop eine Rolle spielt. Ein Langsamläufer zum Beispiel an der Spitze des dritten Hauses gibt bei einer Suchfrage nach verlorenen Dokumenten entsprechende zusätzliche Hinweise:

Uranus an der Hausspitze drei → Lass dich überraschen, das gesuchte Objekt taucht genauso plötzlich wieder auf, wie es verschwunden ist.

Neptun an der Hausspitze drei → Aktiv kannst du nichts tun. Es ist so, als hätte sich das Gesuchte in Luft aufgelöst.

Pluto an der Hausspitze drei → Das Gesuchte hat sich an geheimnisvollen Orten oder in schwer erreichbaren Ecken versteckt. Mühe dich nicht, das frustriert nur. Im Extremfall – typisch Pluto – kann es auch sein, dass bei einer sehr engen Konjunktion zur Hausspitze das Betreffende gar nicht mehr gefunden wird.

Langsamläufer in enger Konjunktion mit einem Signifikator
Hat einer der Langsamläufer eine enge Konjunktion mit einem der Signifikatoren für das Gesuchte, dann ist die Konstellation vergleichbar mit dem Stand des Planeten an einer Hausspitze. Steht z.B. Merkur in enger Konjunktion mit Uranus, kann es bedeuten, dass das gesuchte Schriftstück genauso schnell wieder auftaucht wie es verschwunden ist. Steht etwa der Signifikator für den Fragesteller eng verbunden mit Neptun, dann fühlt man sich eher gelähmt und kann selbst überhaupt nichts tun, um den Gegenstand wieder zu finden.

▶ *Nehmen Sie den prominenten Stand eines Langsamläufers im Suchhoroskop nicht als Hauptmerkmal für die Analyse. Die Checkliste (Schritt sechs) bei der Analyse eines Suchhoroskops ist und bleibt das Fundament. Die Langsamläufer geben wertvolle Tipps hinsichtlich möglicher Einschränkungen oder Unterstützungen bei der Suche. Insofern kann es nützlich sein, den Schritt 11 mit den Langsamläufer bei den zwölf Analyseschritten (siehe Seiten 114 bzw. 260) vorzuziehen.*

Lassen Sie uns das Gesagte zuerst auf die **bisherigen Beispiele** anwenden. Dies bedeutet, dass ich Ihnen die bisher besprochenen Suchhoroskope zusammen mit den Langsamläufern einblenden werde, bei welchen nun die neuen Planeten eine wichtige Rolle spielen.

Pilotbeispiel 1 mit Transsaturniern

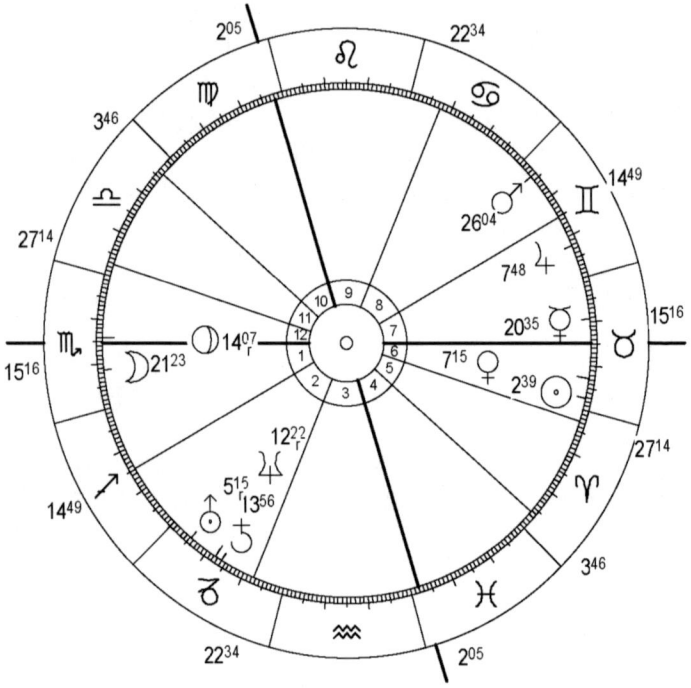

Abbildung 22: Werde ich meine Katze wiedersehen?
(mit Transsaturniern)

Hier steht Pluto am Aszendenten: Die Fragestellerin stand sehr unter Druck, und vielleicht hatte sie sogar selbst dafür gesorgt, dass die Katze im Keller eingeschlossen wurde. Im Nachhinein ließ sich dies allerdings nicht mehr eindeutig rekonstruieren.

Übungshoroskop 4 mit Transsaturniern

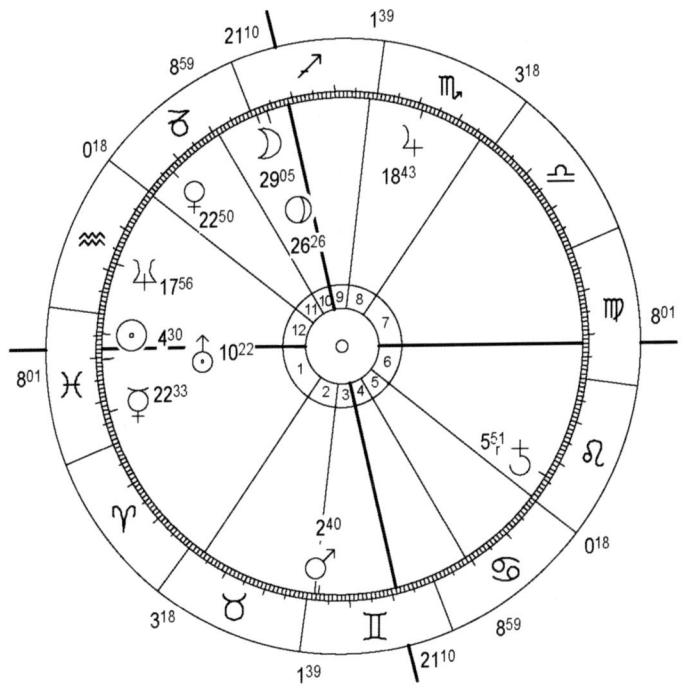

Abbildung 23: Kommt dieser Brief noch an?
(mit Transsaturniern)

Der Uranus am Aszendenten erzählt, dass es eine schöne Überraschung geben wird. Der Brief wurde ja schon Wochen vermisst, und dann war es eine umso größere Freude, als er doch noch auftauchte.

Übungshoroskop 5 mit Transsaturniern

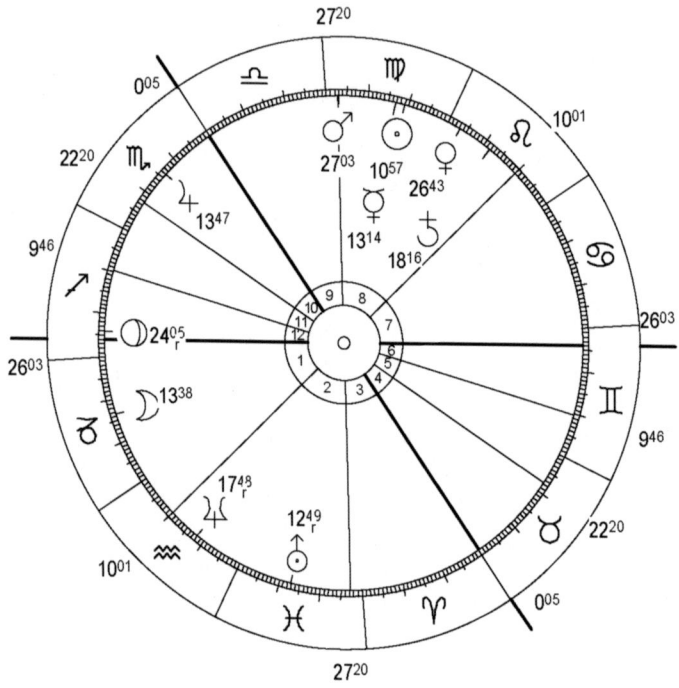

Abbildung 24: *Finde ich mein Schreibetui wieder?*
(mit Transsaturniern)

Die Schreibutensilien wurden versteckt unter der Fußmatte im Auto in der Nähe der Heizung gefunden. Mit Pluto am Aszendenten hatte die Fragestellerin, wenn auch nicht absichtlich, den Gegenstand selbst dort versteckt.

Übungshoroskop 6 mit Transsaturniern

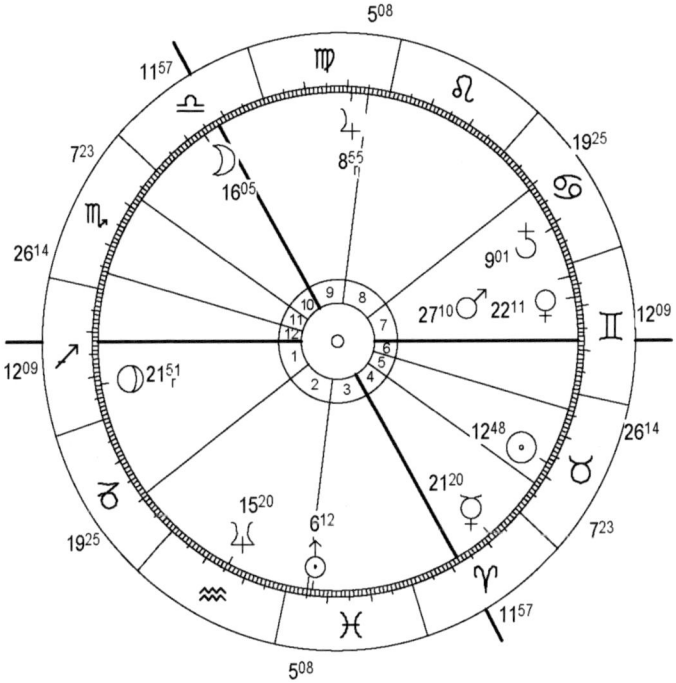

Abbildung 25: Wo ist der Gartenschlüssel?
(mit Transsaturniern)

Eine Mitbewohnerin aus unserem Haus hatte wohl aus Versehen den Gartenschlüssel nicht wieder an die entsprechende Stelle im Hausflur zurückgehängt. Die angenehme Überraschung beim Wiederfinden wird symbolisiert durch Uranus an der Hausspitze drei.

Übungshoroskop 7 mit Transsaturniern

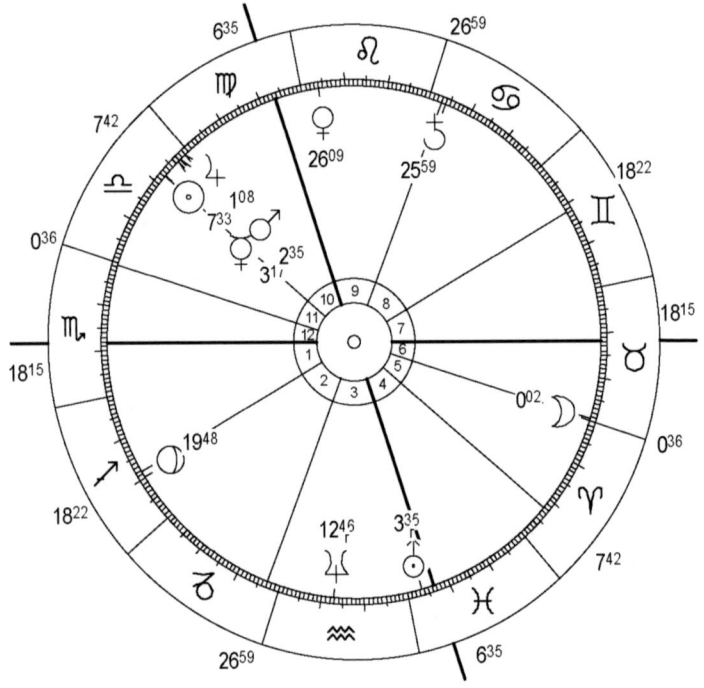

Abbildung 26: Wo ist der Schlüssel zum Sekretariat?
(mit Transsaturniern)

Uranus steht nahe am IC. Das vierte Haus repräsentiert verborgene Gegenstände »zu Hause« und mit Uranus an dieser Stelle darf man auf alle möglichen Überraschungen gefasst sein. Der Schlüssel wurde ja auch auf der Toilette wiedergefunden!

Übungshoroskop 8 mit Transsaturniern

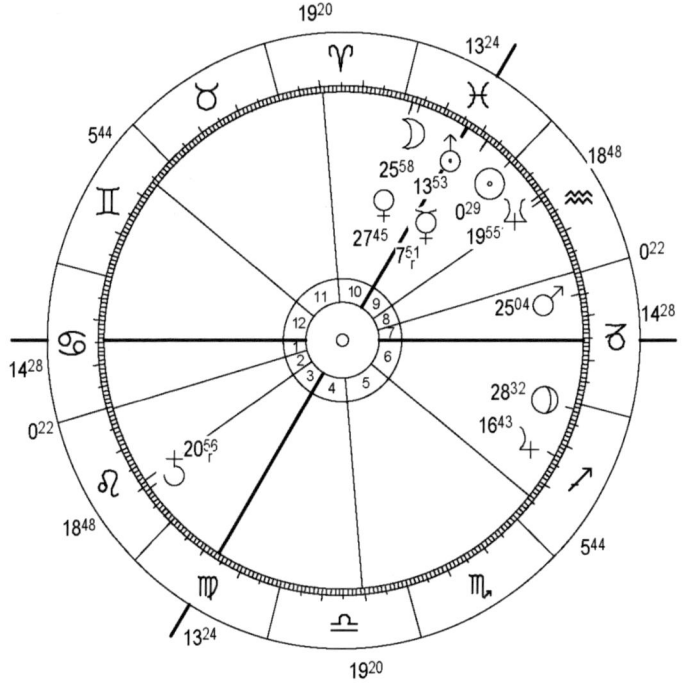

Abbildung 27: Wo sind die Belege für das Finanzamt?
(mit Transsaturniern)

Bekanntlich fanden sich die Belege beim Steuerberater unter einem Stapel von Papieren. Der Steuerberater ist Haus sieben, und das Haus 10 ist das Haus *seiner* verborgenen Schätze. Dazu benötigen wir die sogenannten *abgeleiteten* Häuser, auf die wir im Kapitel IX näher eingehen werden. An der Spitze des 10. Hauses steht der Uranus: Das ist also die große Überraschung beim Steuerberater gewesen!

Übungshoroskop 9 mit Transsaturniern

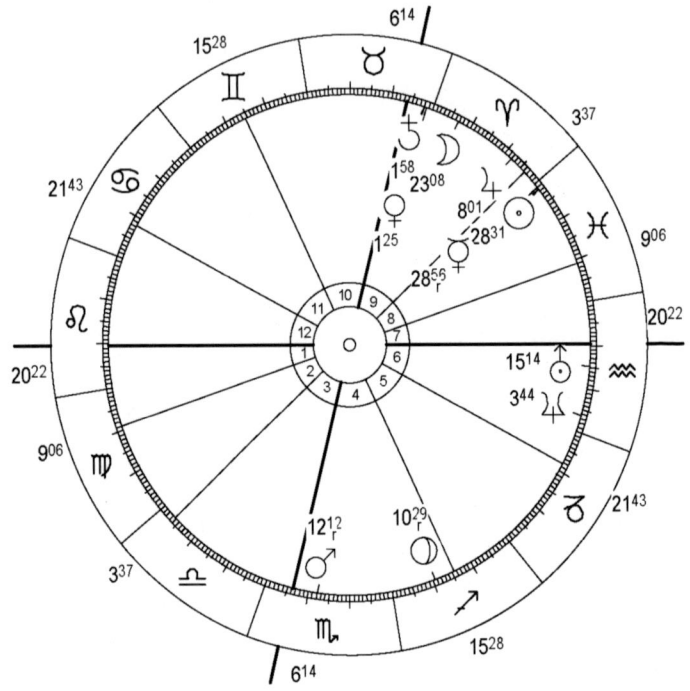

Abbildung 28: Wo ist die Mappe mit den Klausuren?
(mit Transsaturniern)

Uranus läuft auf den Deszendenten zu. Mein Kollege (Deszendent) hatte aus Versehen die Mappe mit den Klausuren eingesteckt.

Übungshoroskop 10 mit Transsaturniern

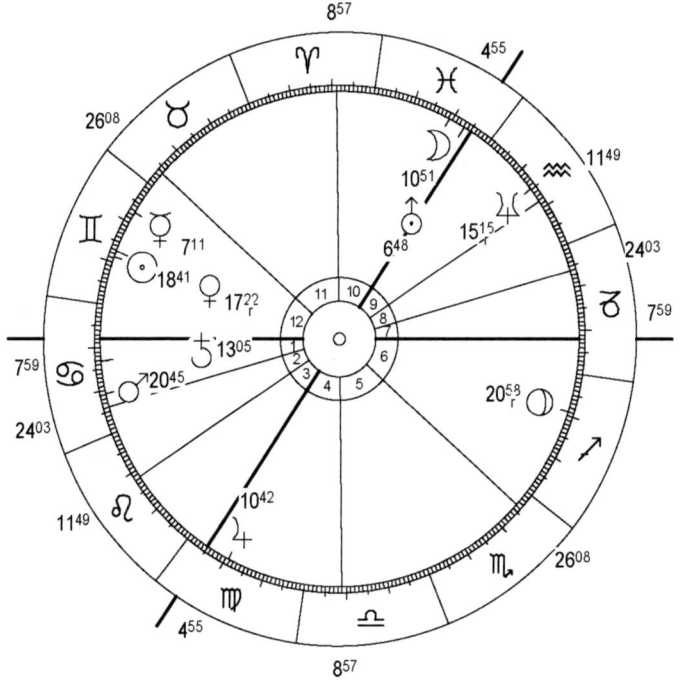

Abbildung 29: Wo ist die wertvolle Uhr?
(mit Transsaturniern)

Hier war die angenehme Überraschung, dass sich die Uhr auf meinem Schreibtisch wiederfand: Uranus am MC – das Büro!

Und nun wieder frisch ans Werk mit zwei weiteren Übungshoroskopen! Die Lösungen finden Sie im Anhang auf den Seiten 188ff.

Übungshoroskop 11: Wo habe ich den PC-Ausdruck für das Auto hingelegt?

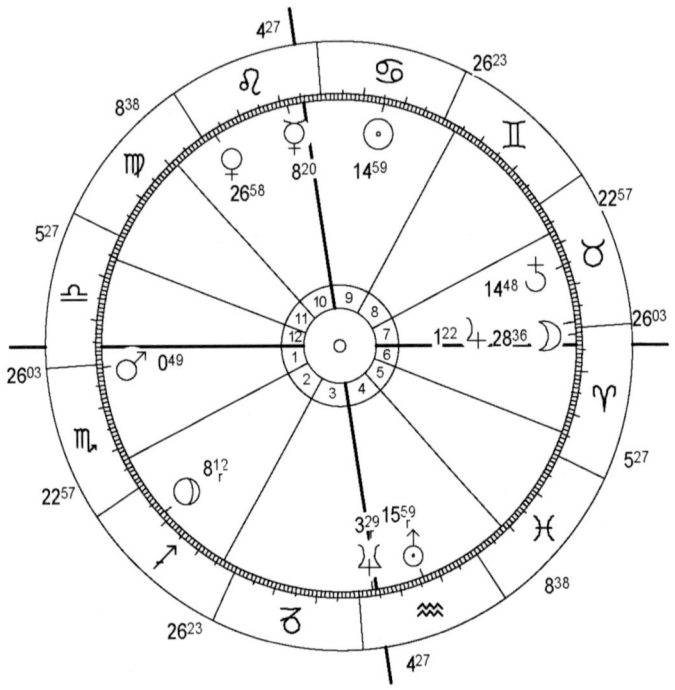

Abbildung 30: 7. Juli 1999 um 14:59 Uhr MESZ, in Köln (6.59 O, 50.56 N), Placidus

Der Hintergrund:

Ein Freund hatte einen Autocheck machen lassen und dafür einen Computerausdruck bekommen. Er benötigte nun das Papier dringend für eine weitere KFZ-Untersuchung. Das Dokument blieb jedoch trotz Suche seit fünf Tagen verschwunden.

Übungshoroskop 12:
Habe ich die Quittung noch und falls ja, wo?

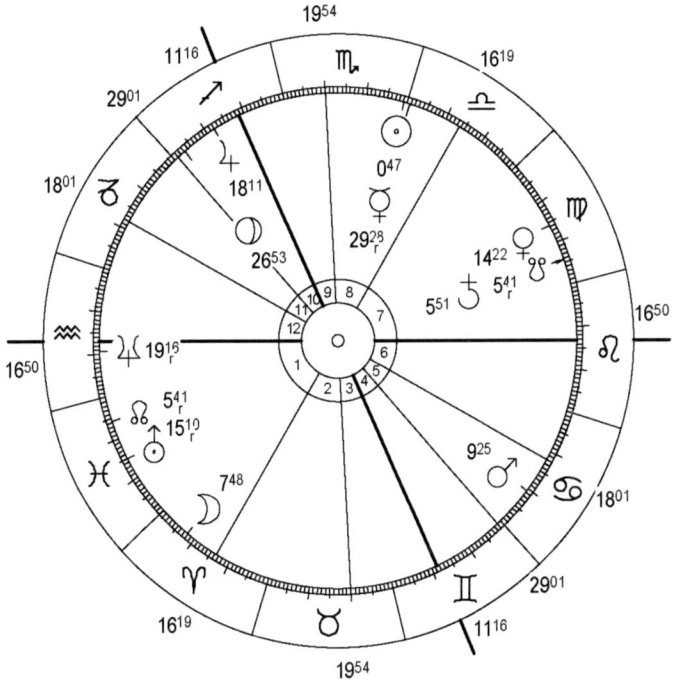

Abbildung 31: 24. Oktober 2007 um 16:00 Uhr MESZ, in Bergisch Gladbach (7.07 O, 50.59 N), Placidus

Der Hintergrund:

Der Fragestellerin stand wegen eines Handwerkers ein Gerichtsverfahren ins Haus. Dieser behauptete, kein Geld für seine Leistungen bekommen zu haben. Dabei legte er eine Kopie der Rechnungsquittung vor, allerdings ohne Unterschrift.

Die Frau suchte nun nach Ihrer Originalquittung. Dafür musste die Fragestellerin in ihren beiden Häusern nachforschen, die sich an weiter auseinanderliegenden Orten befanden.

Die Beratung musste kurzfristig erfolgen, weil einen Tag nach der Fragestellung schon das Gerichtsverfahren anberaumt war.

Wie Sie in Abbildung 31 sehen, habe ich zwei neue Symbole eingezeichnet: ☊ beziehungsweise ☋ für die beiden Mondknoten.

Diese spielen im obigen Beispiel eine wichtige Rolle. Wir werden die sogenannte *Mondknotenachse* im nächsten Kapitel näher beleuchten.

Kapitel VIII:
Der Analyseschritt 12
Die Mondknotenachse

A. Grundsätzliches über die Mondknoten

Die Mondknoten sind theoretische Himmelspunkte. Die Mondknoten kann man daher nicht am Himmel sehen, sondern nur berechnen. Sie markieren den Schnittpunkt der Mondumlaufbahn mit der Umlaufbahn der Erde um die Sonne, die auch *Ekliptik* heißt. Dabei gibt es einen nördlichen und einen südlichen Mondknoten. Die Mondumlaufbahn ist im Mittel um fünf Grad zur Ekliptik geneigt. Im alten China stellte man sich vor, dass die Mondknoten Kopf und Ende eines Drachens sind. Das hat mit dem Verschwinden von Mond beziehungsweise Sonne bei Mond- und Sonnenfinsternissen zu tun. Bei einer entsprechenden Verfinsterung eines Hauptlichtes liegen Sonne und Mond zusammen nahe bei den Mondknoten, denn nur in einer solchen Konstellation kann der Mond die Sonne verfinstern beziehungsweise der Erdschatten den Mond verdecken.

Mondknoten	Symbol / Qualität
Nördlicher	☊ / stärkend
Südlicher	☋ / schwächend

Tabelle 10: Die Mondknoten

Der südliche Mondknoten oder auch absteigende Mondknoten heißt in der indischen Tradition *Ketu* und wird als Drachenschwanz bezeichnet. Der nördliche oder auch aufsteigende Knoten ist *Rahu* und stellt das Maul beziehungsweise den Kopf des Drachens dar.

Wenn Sie in den Ephemeriden beziehungsweise in entsprechenden Tabellen die Daten zum Mondknoten ablesen, werden Sie Unterschiede feststellen: Einmal wird vom wahren Mondknoten, ein andermal vom mittleren Mondknoten gesprochen. Der Grund: Der Mondknoten läuft einmal vor, einmal zurück, er ist direktläufig und ein andermal rückläufig. In meiner Praxis verwende ich den wahren Mondknoten. Der mittlere Mondknoten ist wie der Name schon sagt ein Mittelwert dieses »Hin- und Herflatterns«.

Rein von der Himmelsbewegung her nimmt ein Planet beim Aufsteigen nach Norden an Kraft zu. Umgekehrt verliert er beim Absteigen nach Süden an Kraft. Wir können damit sagen, dass der aufsteigende (der nördliche) Mondknoten die Kraft eines Signifikators stärkt und der absteigende (der südliche) Mondknoten entsprechend die Kraft des Planeten schwächt. Grundsätzlich sind weder der nördliche Mondknoten »gut« noch der südliche Mondknoten »schlecht«. Es handelt sich vielmehr um eine Verstärkung beziehungsweise Verminderung der jeweiligen Kräfte.

▶ *Bei Konstellationen mit den Mondknoten zählen nur Konjunktionen, also Konjunktionen eines der beiden Mondknoten mit einem Signifikator, einer Hauptachse oder einer Hausspitze. Dabei sollte der Abstand maximal zwei Grad betragen.*

Betrachten Sie die Mondknoten nicht als ausschlaggebend für eine Analyse: Falls schon einer der ersten drei Indikatoren in der

Checkliste positiv ausfällt, kann ein absteigender Mondknoten am Aszendenten die Angelegenheit nicht mehr »verbauen«.

B. Die Mondknoten in Konjunktion mit Signifikatoren

Wenn der nördliche Mondknoten bei einem Signifikator für das Gesuchte steht, dann wird die Kraft dieses Planeten gestärkt, was bedeutet, dass er zum Beispiel in gutem Zustand ist. Oft ist es auch ein zusätzlicher Hinweis darauf, dass das Gesuchte auch wiedergefunden wird.

Hat jedoch ein Signifikator eine enge Konjunktion zum absteigenden Mondknoten, dann deutet dies auf eine Belastung bzw. Schwächung des jeweiligen Planeten hin. Wenn Sie sich an das Übungsbeispiel 12 auf Seite 103 mit der gesuchten Quittung im vorangegangenen Kapitel erinnern, dann steht dort Saturn als Signifikator für die Fragestellerin in enger Konjunktion mit dem absteigenden Mondknoten. Dies ist auch ein Hinweis darauf, dass vermutlich nicht alle wichtigen Informationen zur Beantwortung der Suchfrage von der Fragenden auf den Tisch gelegt werden.

Im Folgenden beleuchte ich jeweils mit Blick auf die Mondknotenachse vorangegangene Übungsbeispiele.

Im Übungsbeispiel 7 *»Wo ist der Schlüssel zum Sekretariat?«* steht der natürliche Signifikator für das Gesuchte, der Mond, in Konjunktion mit dem aufsteigenden Mondknoten. Das ist ein zusätzlicher und positiver Hinweis, dass der Schlüssel wiedergefunden wird.

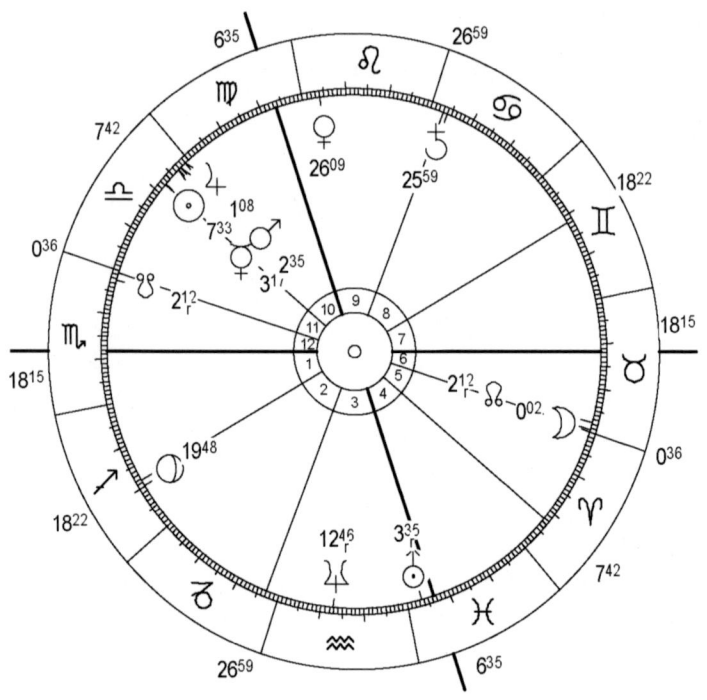

Abbildung 32: Wo ist der Schlüssel zum Sekretariat (mit Mondknoten)

Steht der aufsteigende Mondknoten in Konjunktion mit dem Fragesteller selbst, dann haben wir ein Anzeichen dafür, dass sich der Fragesteller entspannen kann, weil die Dinge gut ausgehen werden.

C. Die Mondknoten in Konjunktion mit einer Hauptachse

Hierbei können wir grundsätzlich sagen, dass aufsteigende Mondknoten am Aszendenten immer ein positiver Hinweis für das Wiederfinden, umgekehrt absteigende Mondknoten am Aszendenten ein negatives Anzeichen sind.

Im Übungshoroskop 9 »*Wo ist die Mappe mit den Klausuren?*« steht der aufsteigende Mondknoten in Konjunktion mit dem Aszendenten: Ich kann mich also zurücklehnen, weil die Angelegenheit für mich gut ausgehen wird.

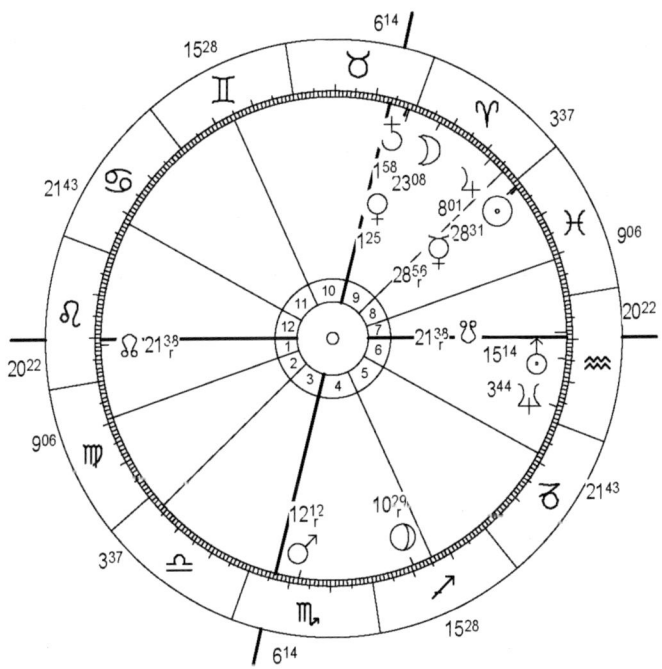

Abbildung 33: Wo ist die Mappe mit den Klausuren?
(mit Mondknoten)

Im Pilotbeispiel 1 »*Werde ich meine Katze wiedersehen?*« steht der aufsteigende Mondknoten in Konjunktion mit der Himmelstiefe, dem IC. Da das vierte Haus, beginnend mit dem Imum Coeli, bekanntlich für die verborgenen Schätze steht, haben wir hier einen zusätzlichen und positiven Hinweis, dass die verschwundene Katze wieder auftauchen wird.

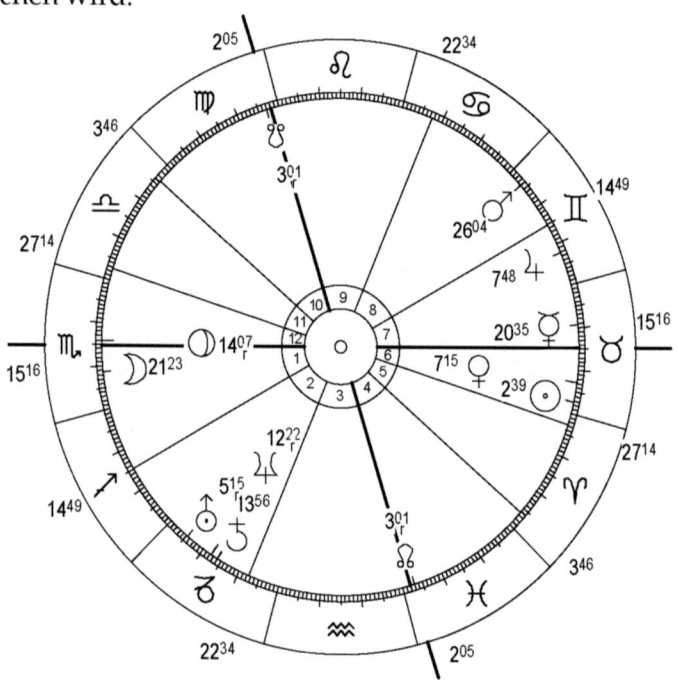

Abbildung 34: Werde ich meine Katze wiedersehen?
(mit Mondknoten)

D. Die Mondknoten in Konjunktion mit einer Hausspitze

Hierbei ist wichtig, um welches Haus es sich handelt. Diejenigen Häuser, die mit der Fragestellung nichts zu tun haben, spielen hinsichtlich der Mondknoten keine Rolle.

In dem oben schon erwähnten Übungsbeispiel 7 »*Wo ist der Schlüssel zum Sekretariat?*« steht der aufsteigende Mondknoten in Konjunktion mit der Spitze des sechsten Hauses. Dieses Haus spielt jedoch für die Fragestellung keine Rolle, und deshalb ist diese Indikation ohne Bedeutung. Anders sieht es dagegen im folgenden Beispiel aus.

Übungshoroskop 13: Wo ist die technische Anleitung für die Telefonanlage?

Der Hintergrund:

Ein kleines Problem, doch mit großen Auswirkungen, wenn kein Telefon mehr funktioniert! – Was war passiert?

Wir (meine Frau und ich) vermissten unsere Gebrauchsanweisung für die Telefonanlage. Durch einen Stromausfall bedingt funktionierte sie nicht mehr.

Die Frage war natürlich wie immer, ob sich die Gebrauchsanleitung überhaupt wiederfinden würde oder ob man sich bei der Herstellerfirma um einen entsprechenden Ersatz bemühen sollte. Die zugehörige Software auf dem PC war wegen verschiedener Computerabstürze nicht mehr vorhanden und auch nicht mehr verfügbar. Deshalb war die manuelle Einstellung der Telefonanlage mithilfe dieser Anleitung die einzige Lösung.

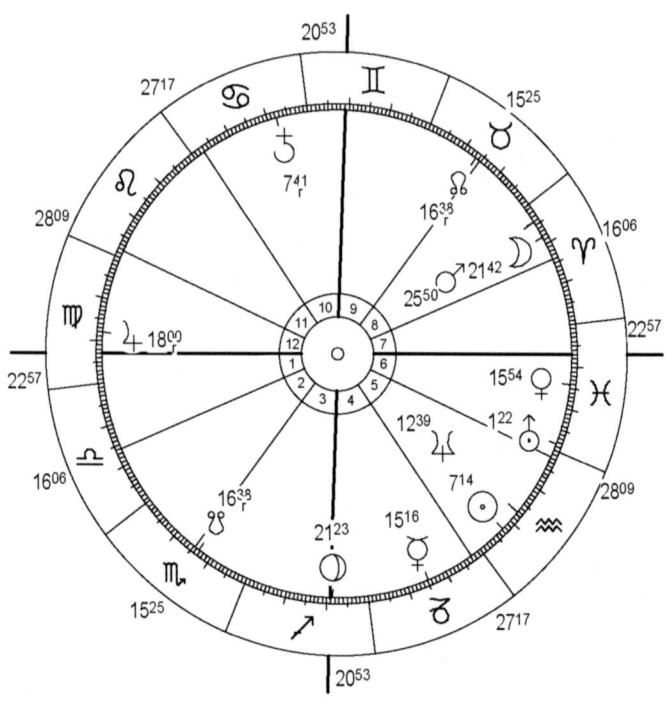

Abbildung 35: 27. Januar 2004 um 21:26 Uhr MEZ, in Bergisch Gladbach (7.07 O, 50.59 N), Placidus

Natürlich hätten wir uns gleich beim Hersteller um einen Ersatz bemühen können. Doch das kann dauern. Für dieses akute Problem war es daher hilfreicher, vorab zu klären, ob wir die Gebrauchsanleitung überhaupt noch haben. Diese Frage stellte meine Frau.

Nun haben wir alle 12 Analyseschritte für die Bearbeitung eines Suchhoroskops beisammen. Die folgende Zusammenfassung finden Sie auch im Anhang auf den Seiten 259f.

Zusammenfassung der zwölf Schritte bei Suchfragen

Schritt 1: Die Fragestellung → Klare Fragestellung; dabei sind die Hintergrundinformationen zur Frage wichtig.

Schritt 2: Der Zeitpunkt der Frage → Wenn die Frage ausgesprochen wird, ist sie geboren.

Schritt 3: Der Ort der Fragestellung → Der Ort, an dem die Frage gestellt oder entgegengenommen wird.

Schritt 4: Die Erstellung des Suchhoroskops → mit eigenem Astrologieprogramm oder aus dem Internet.

Schritt 5: Die Signifikatoren → Zuordnung der Planeten im Horoskop zur Fragestellung; den Mond und die Verwandtschaftsplaneten nicht vergessen.

Schritt 6: Die Checkliste → Überprüfen, ob der jeweilige Punkt erfüllt ↑ oder nicht erfüllt ↓ ist. Unbedingt immer die Ephemeriden zur Hand nehmen beziehungsweise auf entsprechenden Webseiten im Internet verfolgen!

Schritt 7: Selbst suchen oder gefunden werden? → Sind die Signifikatoren für das Gesuchte oder für den Sucher schneller?

Schritt 8: Die Örtlichkeiten für das Gesuchte → Am Boden oder oben oder ... ?

Schritt 9: Die Himmelsrichtungen für das Gesuchte → In welcher der vier Himmelsrichtungen können wir fündig werden?

Schritt 10: Eingeschlossene Zeichen und wechselseitige Rezeptionen → Ist das Gesuchte an einem Platz, wo es nicht hingehört beziehungsweise eingeschlossen ist?

Schritt 11: Langsamläufer → Stehen Uranus, Neptun oder Pluto an einer der vier Hauptachsen, an der Spitze eines wichtigen Hauses oder in enger Konjunktion mit einem Signifikator?

Schritt 12: Mondknotenachse → Stehen der auf- bzw. absteigende Mondknoten an einer der vier Hauptachsen, an der Spitze eines wichtigen Hauses oder in enger Konjunktion mit einem Signifikator?

Kapitel IX:
Abgeleitete Häuser bei Suchfragen

Sie können nicht nur für sich, sondern auch für andere Personen Suchfragen stellen. Da in solch einem Fall nicht die andere Person, sondern Sie selbst fragen, ist der Signifikator für diese andere Person nicht der Herrscher des Aszendenten. Das bleiben weiterhin Sie als Fragestellerin oder Fragesteller.

Wir haben eine neue Situation: Der Signifikator des Fragestellers ist unwichtig geworden. Der Fragende will in diesem Fall nicht wissen, wo seine Scheckkarte oder sein Schlüsselbund geblieben ist, sondern seine Frage zielt auf den verlorenen Schlüssel, Geldbeutel etc. seines Freundes, seiner Freundin, seines Ehepartners usw. ab.

Um in solch einer Fragesituation auch die richtigen Signifikatoren zu finden, wird das ursprüngliche Fragehoroskop »gedreht«, und man bekommt die sogenannten »abgeleiteten Häuser«. Damit können Sie herausfinden, welcher Planet der Signifikator für den Sucher und den gesuchten Gegenstand der Person ist, für welche Sie die Frage gestellt haben.

Nehmen wir an, Sie haben die Frage gestellt:

Wo ist der MP3-Player meiner Tochter?

Ihr eigener MP3-Player ist im dritten Haus zu finden, weil das Gerät zum Musikhören dient und Kommunikation jeglicher Art immer im Haus drei zu finden ist.

In welchem astrologischen Haus finden wir den MP3-Player Ihrer Tochter?

Kinder zählen zum fünften Haus, vom Fragesteller aus gezählt. Also ist die Tochter im Haus fünf.
Betrachten Sie dazu unten stehende Abbildung 36:
Das fünfte Haus beginnt im Tierkreiszeichen Skorpion. Dieses Zeichen beherrscht der Mars. Also ist in diesem Fall der Signifikator für Ihre Tochter der Planet Mars. Jetzt kommt das Entscheidende: Der MP3-Player ist in diesem Fall nicht Ihr Gerät, sondern das Ihrer Tochter. Also müssen Sie vom Haus der Tochter, dem Haus fünf, drei Häuser weiterzählen. Das Haus fünf zählt schon als erstes Haus des sogenannten »gedrehten« Horoskops und damit landen Sie im Haus sieben. Das Haus sieben, also der Deszendent, steht im Zeichen Wassermann. Daher ist der Signifikator für den MP3-Player Ihrer Tochter der Saturn.

Sie können nun das Horoskop solange drehen, bis die Hausspitze fünf der neue Aszendent ist, denn es geht ja um Ihre Tochter. Ich persönlich finde es übersichtlich, vom jeweiligen Haus der Person, über welche gefragt wird, bis zum jeweiligen Haus weiterzuzählen, dem das Gesuchte zugeordnet ist, und dann die neuen »Hausnummern« mit einer anderen Farbe zu kennzeichnen.

▶ *Beachten Sie, dass die Eckhäuser des radikalen, ursprünglichen Horoskops Eckhäuser bleiben.*

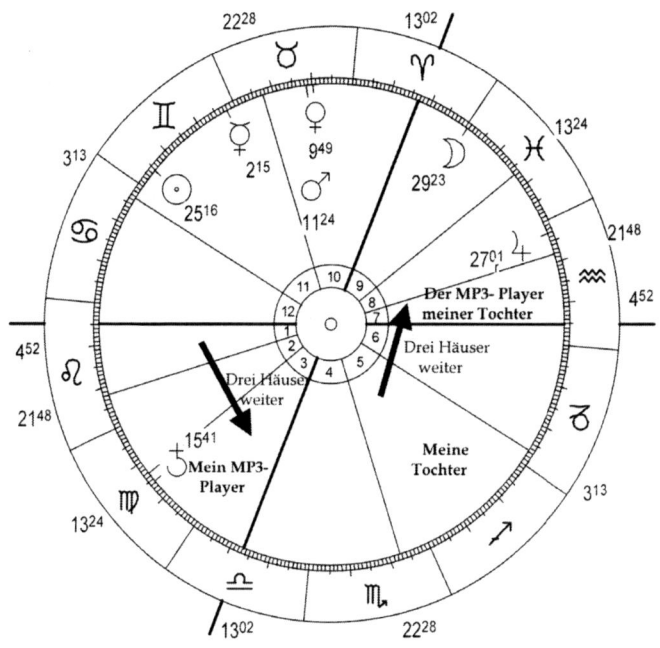

Abbildung 36: Abgeleitete Häuser

Übung 6

Bestimmen Sie in der folgenden Übung die abgeleiteten Häuser. Die Lösungen finden Sie im Anhang auf den Seiten 162f.

1. Mein Enkel
2. Der Lieblingsteddybär meiner Enkelin
3. Der Brief des Sohnes
4. Die Zeitung der Freundin der Schwester
5. Der Hund der Kollegin
6. Die Katze des Vaters unseres Hausmeisters
7. Das Geld des Chefs

Pilotbeispiel 4:
Wo hat meine Frau ihre Uhr liegen gelassen?

Der Hintergrund:

Die Partnerin eines Freundes vermisste ihre Uhr und der Mann stellte die Frage.

Um es für Sie besonders reizvoll zu machen: Ich lag mit meiner Aussage vollkommen daneben! Am Ende der Checkliste werde ich Ihnen sagen, womit ich damals meine falsche Einschätzung begründet hatte.

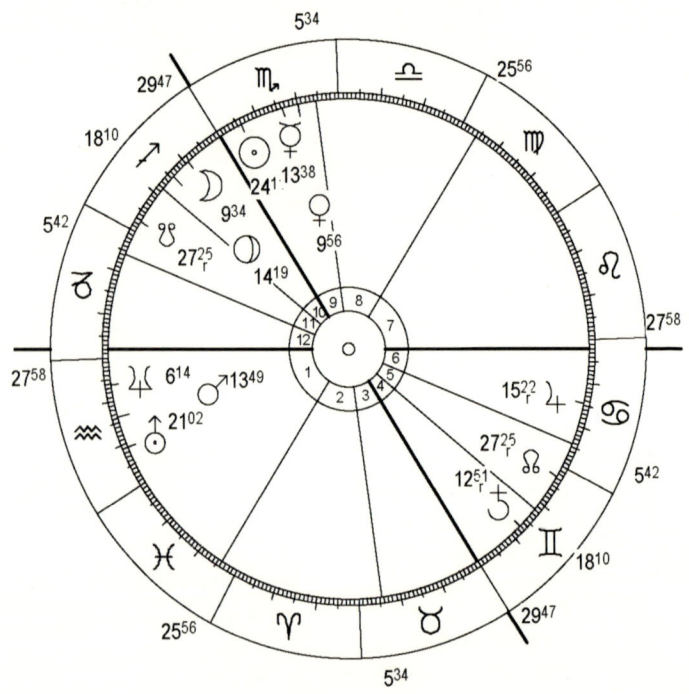

Abbildung 37: 16. November 2001 um 12:40 Uhr MEZ, in Köln (06.59 O, 50.56 N), Placidus

Schritt 5: Die Signifikatoren

- Die Partnerin des Fragestellers finden wir am Deszendenten. Dort herrscht der Mond, weil das siebte Haus im Krebs beginnt. Damit steht der Mond als natürlicher Signifikator für die gesuchte Uhr nicht mehr zur Verfügung.
- Wo finden wir nun die Uhr? Einmal ist es ein Wertgegenstand (Haus zwei), zum anderen hat sie eine Funktion (Haus drei). Welche dieser Zuordnungen zutrifft, können wir nur durch Nachfragen herausfinden. In diesem Fall hatte die Uhr auf Nachfragen eine rein funktionelle Bedeutung für die Frau, und deshalb entschied ich mich für das dritte Haus. Wir gehen also vom Haus sieben drei Häuser weiter, das radikale, also das ursprüngliche siebte Haus selbst schon als ersten dieser drei Schritte gezählt. Wir kommen zum Haus neun als dem astrologischen Haus für den gesuchten Gegenstand. Dort herrscht Mars (Spitze des neunten Hauses im Skorpion), und damit ist dieser Planet der Signifikator für die gesuchte Uhr.
- Für diesen Fall gibt es keinen Verwandtschaftsplaneten.

Ich möchte Ihnen zeigen, wie ich damals vorgegangen bin, damit Sie meinen Fehler sehen können und ihn nicht zu wiederholen brauchen.

Schritt 6: Checkliste

(a) ↑ Mars steht im Eckhaus eins, denn die Eckhäuser des radikalen, ursprünglichen Horoskops bleiben die Eckhäuser.

Hinweis: Wenn Sie als Signifikator für die gesuchte Uhr Merkur genommen hätten (Besitz der Frau = zweites Haus vom siebten Haus = radikales Haus acht), hätten Sie an dieser Stelle den geringen Abstand zwischen Mond und Merkur als positives Indiz nehmen können. Doch damit diese Ausnahme von der Regel greift, braucht es weitere positive Anzeichen aus der Checkliste, und die sind bei Merkur als Signifikator dünn gesät.

(b) ↑ Hier ist nun der Mond die Sucherin und wir prüfen, ob der Mars mit dem Mond einen Aspekt macht: Der Mond appliziert Mars in Sextil.

(c) ↓ Mars ist nicht rückläufig.

(d) ↑ Als Herrscher des zweiten Hauses müssen wir nun das Haus acht nehmen, denn dieses Haus ist das zweite Haus der Frau und damit ihr Besitzhaus. Die Spitze des achten Hauses beginnt in der Jungfrau, also ist Merkur der Signifikator des Besitzhauses. Merkur appliziert gleich den Mars im Quadrat.

(e) ↓ Es gibt keinen Aspekt zwischen Mond und Sonne.

(f) Entfällt, da der Mond hier kein natürlicher Signifikator für die gesuchte Uhr ist.

(g) ↑ Beide Hauptlichter stehen über dem Horizont.

(h) Entfällt, siehe f).

(i) ↓ Der Mars macht weder einen Aspekt zur Hausspitze acht (Besitzhaus der Partnerin) noch zum Deszendenten (die Partnerin).

Ergebnis der Analyse aus heutiger Sicht:

Die Uhr wird auf jeden Fall wiedergefunden. Sie fragen sich jetzt vielleicht, wie ich denn bei diesen klaren Verhältnissen zu einer falschen Analyse habe kommen können. Es waren die Jahre, in denen ich ausführlicher die Fixsterne in Stundenhoroskopen testete und zugleich die Frage überprüfte, ob Aszendenten auf den ersten beziehungsweise den letzten drei Graden des jeweiligen Zeichens wirklich eine wichtige Rolle spielen könnten.

Ich sagte dem Freund nämlich damals, dass seine Partnerin nichts mehr machen könne, weil die Uhr verloren wäre: Aszendent auf den letzten zwei Grad im Steinbock und IC auf dem Fixstern *Alcyone*, der für Verlust (»weinende Schwestern«) steht.

Diese falsche Einschätzung war der Grund, dass ich spätestens ab diesem Horoskop weder die Fixsterne noch den frühen (die ersten drei Grad) oder den späten (die letzten drei Grad) Aszendenten bei Suchhoroskopen eine Bedeutung beimaß.

Was geschah tatsächlich?

Am späten Nachmittag desselben Tages fand die Partnerin des Fragestellers die Uhr wieder, und zwar zwischen den Matratzen ihres Bettes. Schön zu sehen ist hier:

- Die Frau selbst findet die Uhr wieder, denn der Mond ist der schnellere und läuft auf den langsameren Mars zu.
- Das eingeschlossene Zeichen Waage im Haus acht, dem Besitzhaus der Partnerin meines Freundes, bedeutet hier wieder im wörtlichen Sinne, dass der Gegenstand »eingeschlossen« ist.
- Obwohl die Venus kein Signifikator ist, können wir – wenn auch nur im Nachhinein – das überraschende Wiederfinden deuten:
Die Venus kommt aus dem Haus acht und ihre Antiszie fällt auf knapp 20 Grad in den Wassermann. Dort haben wir die enge Konjunktion mit Uranus, also die Überraschung.
- Wegen der wechselseitigen Rezeption zwischen Mond und Jupiter (Mond im Domizil des Jupiters und Jupiter im Domizil des Mondes) ist die Uhr verlegt worden. Jupiter als Teil der Rezeption ist rückläufig.

Übungshoroskop 14: Wo ist seine Brieftasche?

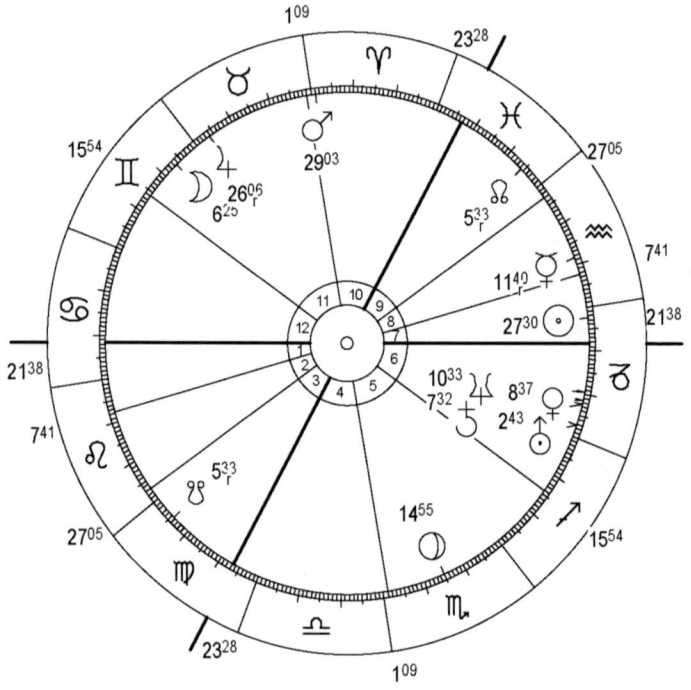

Abbildung 38: 17. Januar 1989 um 16:20 Uhr MEZ, in Köln (06.59 O, 50.56 N), Placidus

Der Hintergrund:

In den ersten Jahren meiner Tätigkeit nahm ich jede Möglichkeit wahr, mich in Stundenastrologie und somit auch bei Suchfragen zu trainieren. So kam es, dass ich auch Fragen über andere Personen stellte, solange diese Fragen keinen persönlichen Übergriff darstellten. Aus jener Zeit ist dieses Beispiel erhalten geblieben. Ein Bekannter hatte seine Brieftasche verloren und ich stellte mir obige Frage.

Kapitel X:
Ausführliche Beispielrunde

Nun steht Ihnen mit dem Analyseplan und seinen zwölf Schritten das Instrumentarium zur Bearbeitung von Suchfragen zur Verfügung.

Im Anhang ab Seite 254 sind alle Analyseinstrumente zur besseren Handhabung für Sie noch einmal übersichtlich zusammengestellt.

Ein Paket von Übungsbeispielen wartet jetzt auf Sie. Testen Sie Ihre Kenntnisse, wagen Sie es, Fehler zu machen, und freuen Sie sich daran, was Sie schon gelernt haben! Die Lösungen sind im Anhang ab Seite 200 zu finden.

Übungshoroskop 15:
Finde ich den exklusiven Kugelschreiber wieder?

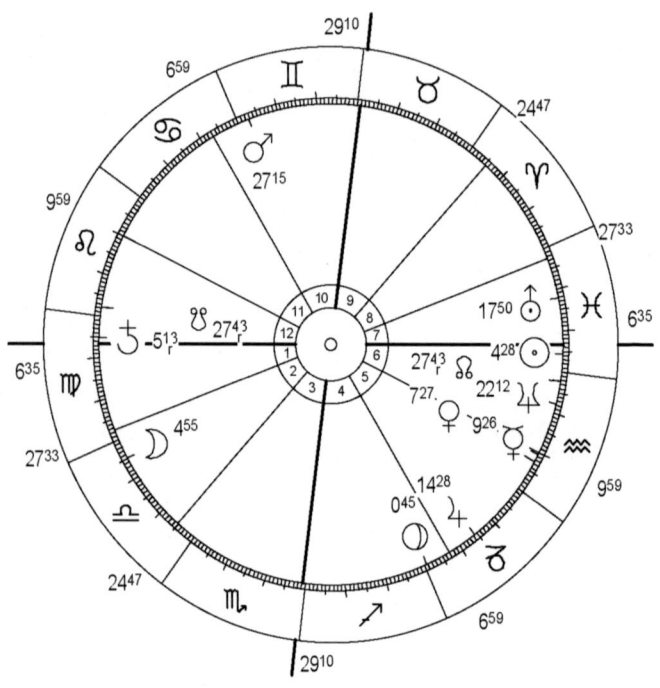

Abbildung 39: 23. Februar 2008 um 18:08 Uhr MEZ,
in Köln (6.59 O, 50.56 N), Placidus

Der Hintergrund:

Ein Freund hatte von einem Geschäftspartner einen exklusiven Kugelschreiber geschenkt bekommen. An diesem Schreibgerät lag ihm einiges und nun vermisste er das Schreibgerät seit etwa einer Woche.

Übungshoroskop 16: Wo ist mein Schmuck?

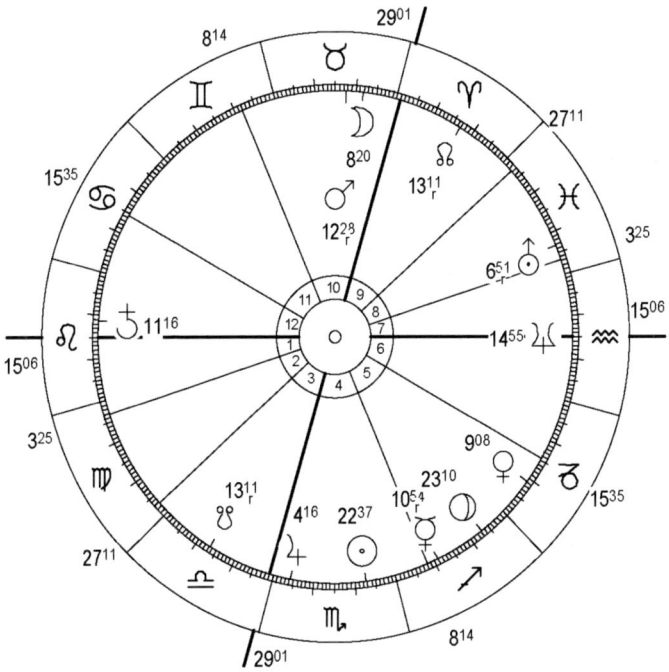

Abbildung 40: 14. November 2005 um 22:37 Uhr MEZ, Ort geschützt, Placidus

Der Hintergrund:

Die Kundin ist im Schmuckhandel tätig. Vor dem Urlaub hatte sie ein wertvolles Schmuckstück versteckt, aus Sorge vor einem Einbruch (wegen einschlägiger Vorfälle waren die Befürchtungen berechtigt). Nach der Rückkehr fand sie das wertvolle Stück nicht mehr und konnte sich nicht mehr an ihr Versteck erinnern. In einer chaotischen Situation unter der Anwesenheit anderer stellte die Frau diese Frage.

Übungshoroskop 17:
Wo ist meine Scheckkarte?

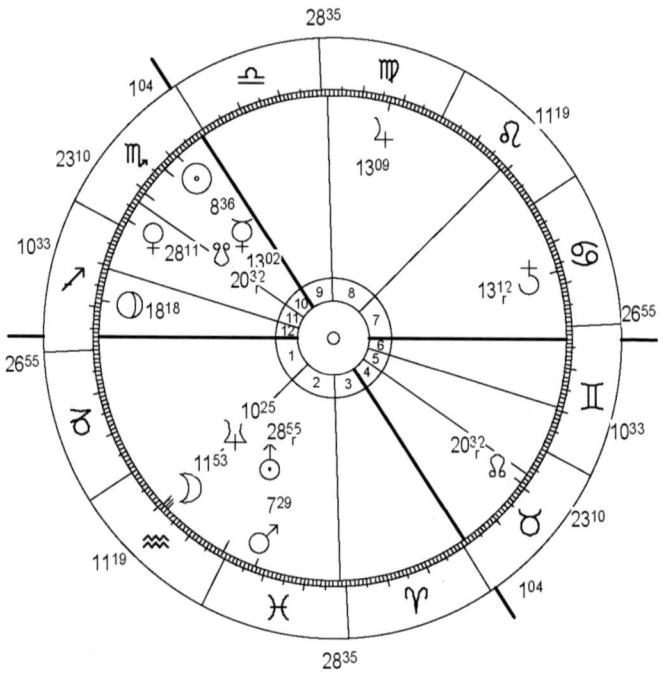

Abbildung 41: 1. November 2003 um 11:46 Uhr MEZ, in Bergisch Gladbach, (7.07 O, 50.59 N), Placidus

Der Hintergrund:

Eine Frau hatte ihre Scheckkarte vor einer Woche das letzte Mal in den Händen. Zwischenzeitlich war sie krank geworden und nun – schnell mal zur Bank – ist die Karte nicht mehr auffindbar.

Übungshoroskop 18:
Wo ist die Energieplatte?

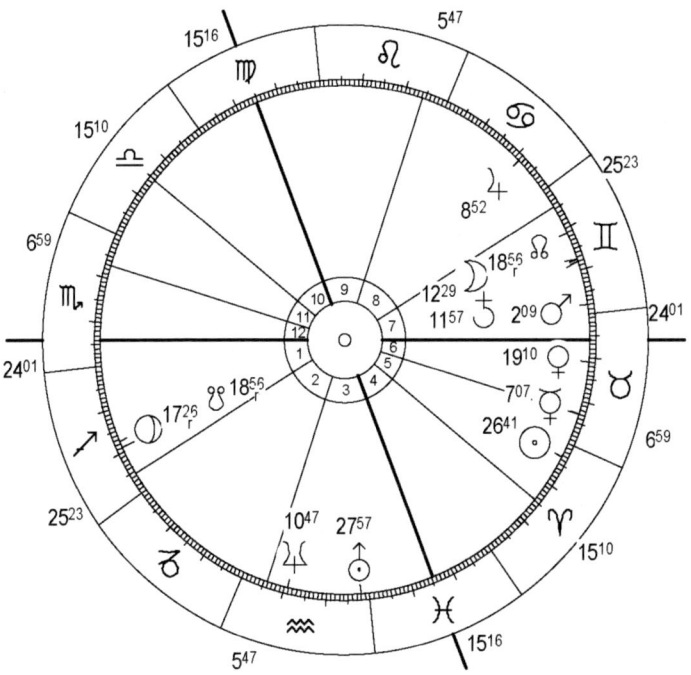

Abbildung 42: 16. April 2002 um 22:58 Uhr MESZ,
in Bergisch Gladbach, D (7.07 O, 50.59 N), Placidus

Der Hintergrund:

Meine Frau sucht schon seit Tagen ihre Energieplatte, ein etwa 15 x 15 cm großes Teil. »Mach doch noch einmal deinen Computer an, ich habe eine Frage!« ruft sie mir am späteren Abend zu.

Übungshoroskop 19:
Wo ist das Buch von Emil?

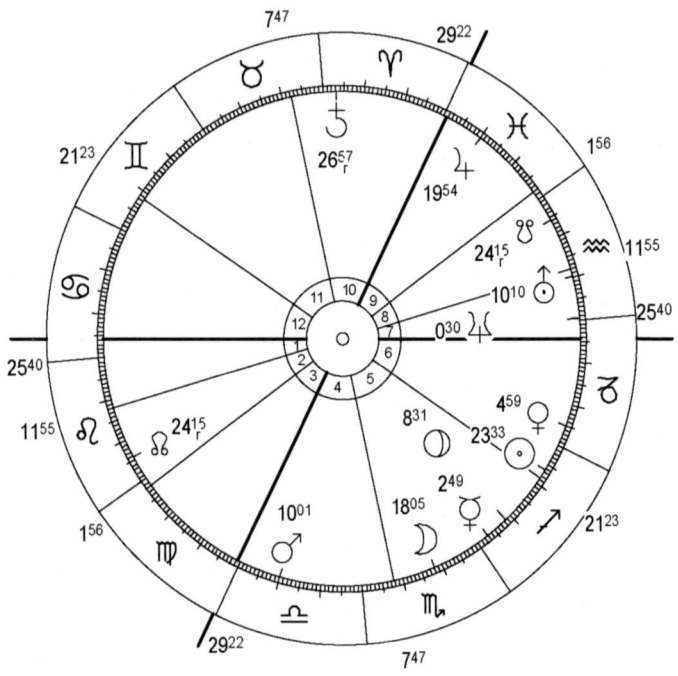

Abbildung 43: 15. Dezember 1998 um 18:53 Uhr MEZ, in Köln (06.59 O, 50.56 N), Placidus

Der Hintergrund:

Ich hatte einem Freund einen Krimi ausgeliehen und nun wollte ich ihn gerne zurückhaben. Er fand das Buch jedoch nicht, und so hatte er nichts anderes zu tun, als an mich die stundenastrologische Frage zu stellen, ob mein Buch wieder auftauchen würde.

Übungshoroskop 20:
Wo ist mein Heilinstrument?

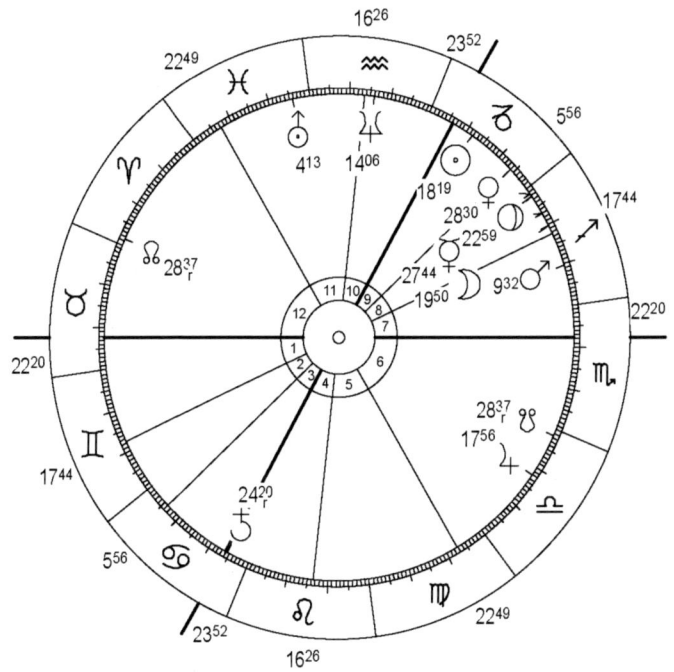

Abbildung 44: 8. Januar 2005 um 13:02 Uhr MEZ, in Bergisch Gladbach (7.07 O, 50.59 N), Placidus

Der Hintergrund:

Eine Freundin vermisste ein Instrument, das sie zu Heilungszwecken verwendete. Es war relativ klein, etwa in der Größe eines Füllfederhalters. Dieses Gerät war nicht gerade billig gewesen.

Übungshoroskop 21:
Wo ist meine Tasche mit Geld und Scheckkarte?

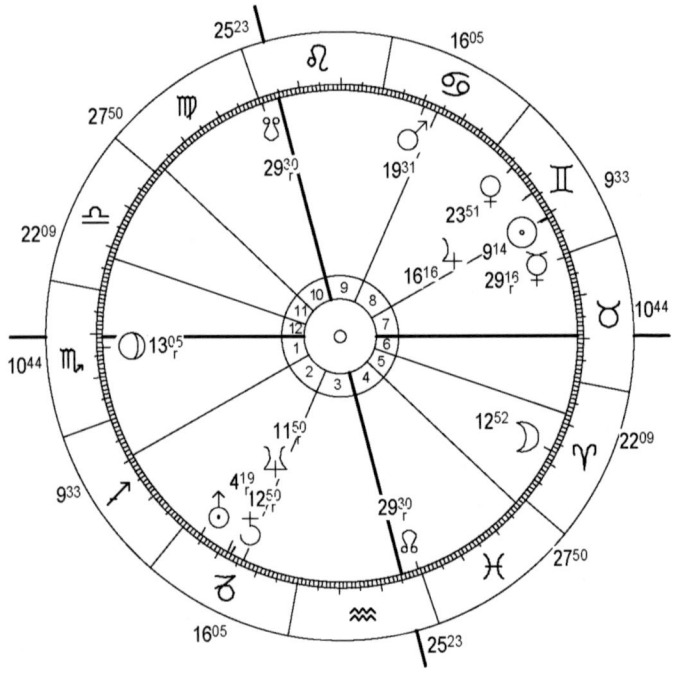

*Abbildung 45: 30. Mai 1989 um 18:50 Uhr MESZ,
in Köln (06.59 O, 50.56 N), Placidus*

Der Hintergrund:

Die Aufregung war groß bei der Fragestellerin: Sie vermisste Ihre Tasche mitsamt Bargeld und Scheckkarte.

Übungshoroskop 22:
Wo finde ich die Lesebrille?

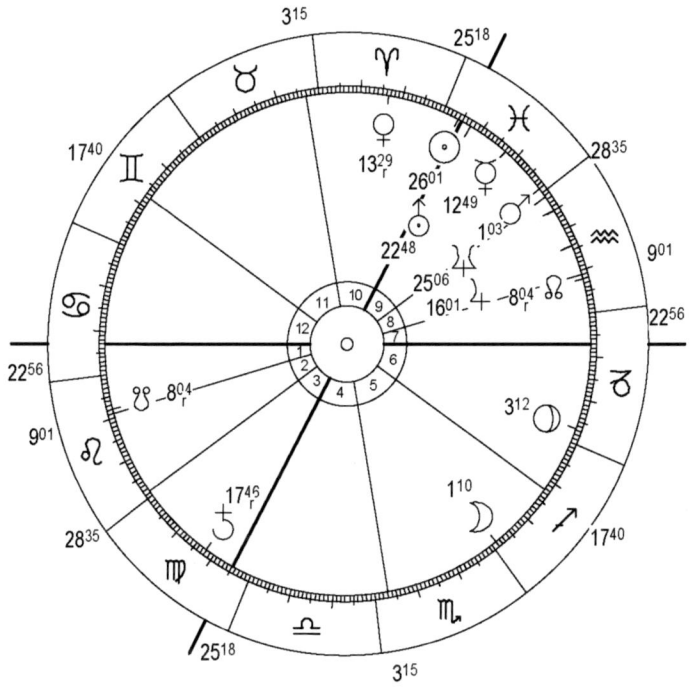

Abbildung 46: 16. März 2009, 12:37:30 Uhr MEZ, in Bergisch Gladbach (7.07 O, 50.59 N), Placidus

Der Hintergrund:

Ein Freund vermisste seit acht Tagen seine Lesebrille.

Kapitel XI:
Verschwundene Personen

Verlorene Schlüssel sind lästig genug, genauso wie abhanden gekommene Dokumente oder Brieftaschen.
Heikler wird es, wenn eine Person verschwunden ist oder nicht auftaucht. Natürlich ist hier große Behutsamkeit geboten, doch die Stundenastrologie kann auch in solch einem Fall helfen.
Den heftigsten Fall hatte ich in dieser Hinsicht im Jahre 2003. In der Mordkommission einer deutschen Großstadt entschied sich ein leitender Kommissar, bei ungeklärten Fällen auch Stundenastrologen um Mithilfe zu bitten und so beauftragte er mich mit der folgenden Frage:

Pilotbeispiel 5:
Wo ist die Mutter des Kindes?

Der Hintergrund:

Im vorliegenden Fall ging es um ein Baby, das von einem Bewohner der Stadt tot in einer ruhigen Seitenstraße eines Stadtteils gefunden worden war. Das Neugeborene war, verpackt in einer Mülltüte, in einer Müllbox gelandet. Nach gerichtsmedizinischen Untersuchungen war das Baby voll entwickelt und bis zum Ende der Schwangerschaft ausgetragen worden. Der Junge hatte nach der Geburt noch gelebt, war jedoch laienhaft abgenabelt worden.

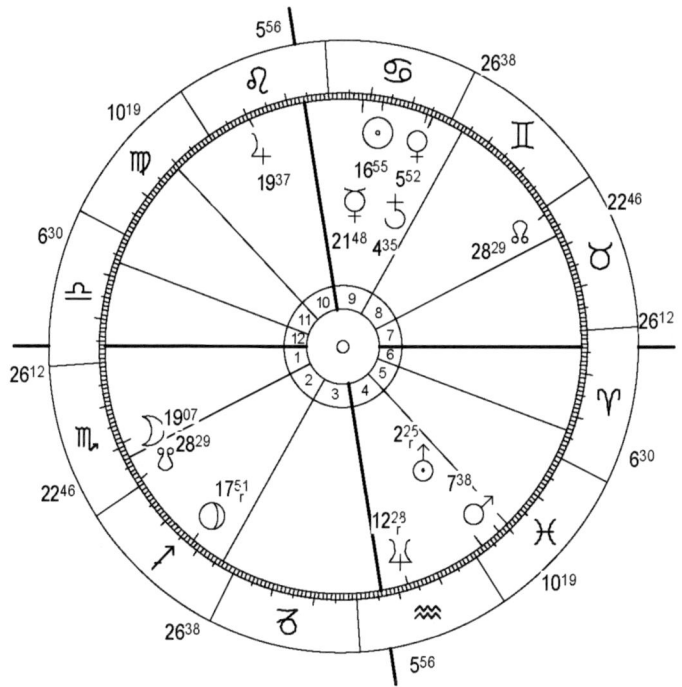

Abbildung 47: 9. Juli 2003 um 14:45 Uhr MESZ, Ort geschützt, Placidus

Seit über fünf Monaten suchte die Mordkommission bereits nach der Kindsmutter, und es gab Hinweise, dass sie möglicherweise aus der Nachbarschaft sein könnte. Bisher hatten sich keine Zeugen gemeldet. Man ging davon aus, dass die Mutter aus einer Notlage heraus gehandelt haben könnte. Die Frage stellte der oben erwähnte Kommissar.

Schritt 5: Die Signifikatoren

- Der Signifikator des Kommissars ist die Venus, weil der Aszendent in der Waage steht.

- Die gesuchte Mutter steht im Horoskop auf der gegenüberliegenden Seite, also wird sie durch den Mars repräsentiert, den Herrscher des Deszendenten Widder.
- Um den Signifikator des toten Babys zu finden, müssen wir die Häuser ableiten, also das fünfte Haus (Kinder) vom siebten Haus (gesuchte Mutter) nehmen. Wir landen dann im elften Haus, das von Merkur beherrscht wird (Spitze des 11. Hauses in der Jungfrau).
- Als natürlicher Signifikator für die gesuchte Mutter gilt auch hier der Mond.

In der Checkliste prüfen wir nun, ob die Mutter des Babys überhaupt gefunden wird, was bedeutet, ob der fragestellende Kommissar einen Kontakt zu dieser Person bekommt.

Schritt 6: Checkliste

(a) ↓ Mars steht ebenso wie der Mond nahe an der Spitze eines Mittelhauses (Haus fünf beim Mars und Haus zwei beim Mond).
(b) ↑ Die Venus appliziert den Mars im Trigon.
(c) ↓ Der Mars ist nicht rückläufig.
(d) Dieser Punkt entfällt hier, weil es nicht um eine Besitzfrage geht. Der Aspekt zwischen dem fragestellenden Kommissar und der gesuchte Mutter ist das Entscheidende.
(e) ↓ Das Trigon des Mondes zur Sonne ist separativ.
(f) ↓ Mond und Mars werden miteinander keinen Aspekt bilden.
(g) ↑ Zumindest die Sonne steht über dem Horizont.
(h) ↓ Der Mond steht im Skorpion, also ist sein Dispositor Mars. Wegen f) müssen wir diesen Punkt negativ entscheiden.

(i) ↓ Weder Mars noch Mond haben einen engen Aspekt zum Aszendenten. Die Hausspitze zwei spielt wie schon erwähnt hier keine Rolle.

Das Baby Merkur ist von der Sonne verbrannt. Dies spiegelt die Situation wieder und bedeutet keine Einschränkung für den erwarteten Kontakt mit der Mutter.

Das Ergebnis:

Zumindest einer der drei wichtigsten ersten Indikatoren ist positiv. Damit wissen wir, dass die Mutter des toten Babys gefunden wird.

Schritt 7: Selbst suchen oder gefunden werden?

Die Polizei kann selbst aktiv werden, weil Venus der schnellere Signifikator im Vergleich zu Mars ist. Verständlicherweise waren auch schon entsprechende Aufrufe in der Stadt veröffentlicht worden.

Schritt 8: Die Örtlichkeiten für das Gesuchte

Dies ist natürlich der wichtigste Punkt: Wo hält sich die Mutter auf? Hier geht es nicht darum, in welcher »Höhenlage« sich die Person befindet, sondern welche Orte dies sein können. Beide Hauptsignifikatoren, Mond und Mars, stehen in Wasserzeichen. Also wird sich die Mutter an einem Ort aufhalten, der mit Wasser zu tun hat.

Schritt 9: Die Himmelsrichtungen für das Gesuchte

Der Mond zeigt auf eine östliche Himmelsrichtung, der Mars auf eine nördliche beziehungsweise nordwestliche. Meine Empfehlung war, in nordöstlichen Stadtteilen zu suchen, weil ich dem Mond in diesem Beispiel (Mond als Symbol für das Mütterliche) einen größeren Wert als Signifikator beimaß.

Schritt 10: Eingeschlossene Zeichen und wechselseitige Rezeptionen

Das Zeichen Krebs in Haus neun und damit auch Steinbock in Haus drei sind eingeschlossen. Wichtig ist dabei die eingeschlossene Venus als Hauptsignifikator für den Kommissar in Haus neun. Dem Polizisten sind offensichtlich die Hände gebunden. Fakt war, dass er durch die Einschaltung eines Stundenastrologen in seiner Abteilung nicht nur auf Wohlwollen stieß. Was den Kriminalfall anbelangte, konnte er auch nicht mehr tun, als öffentliche Aufrufe über die Medien zu starten.

Schritt 11: Langsamläufer

Hier haben wir keine besonderen Konstellationen. Mars als Signifikator für die Mutter ist schon zu weit weg vom Uranus.

Schritt 12: Mondknotenachse

Fehlanzeige.

Ergebnis der Analyse:

Die Mutter, die sich möglicherweise noch in der Stadt in einem Stadtteil, der in nordöstlicher Richtung liegt, aufhalten könnte, würde zurückkehren.

Meine Einschätzung war, dass sich die Frau bald (Monatswende Juli-August) freiwillig melden wird. Darauf kam ich, weil um die Monatswende Juli/August der Mars rückläufig wurde.

Was geschah tatsächlich?

Die Mutter meldete sich am 2.8.03 über einen Anwalt bei der Polizei.

Zwei Tage später lag der Speicheltest mit einem eindeutigen Ergebnis vor. Auch der Stadtteil lag an einem Gewässer in der angegebenen Himmelsrichtung.

Für Spezialisten der Stundenastrologie:

Der Mond bringt durch seine Lichtübertragung ihren Rechtsanwalt Jupiter (das neunte Haus – die Anwälte – finden wir von Haus sieben aus gerechnet im radikalen dritten Haus, und das beginnt im Schützen) mit dem Kind (Merkur) zusammen. Und sie selbst hat die Initiative ergriffen: Der Mond ist der natürliche Signifikator für die gesuchte Mutter.

Übungshoroskop 23:
Wo ist X?

Der Hintergrund:

Es herrschte Karneval im Rheinland. Eine Kollegin der fragestellenden Frau war seit zwei Tagen verschwunden. Ihr Freund hatte bereits eine Vermisstenmeldung aufgegeben: Ungefähr 35 Jahre alt, Haarfarbe dunkelbraun, 173 groß, sexy Figur. Das Auto der Vermissten war von der Polizei an einem Waldrand in der Nähe von Bergisch Gladbach gefunden worden.

Dieses Beispiel ist für Sie deshalb wieder besonders spannend, weil ich eine Fehldeutung abgab!

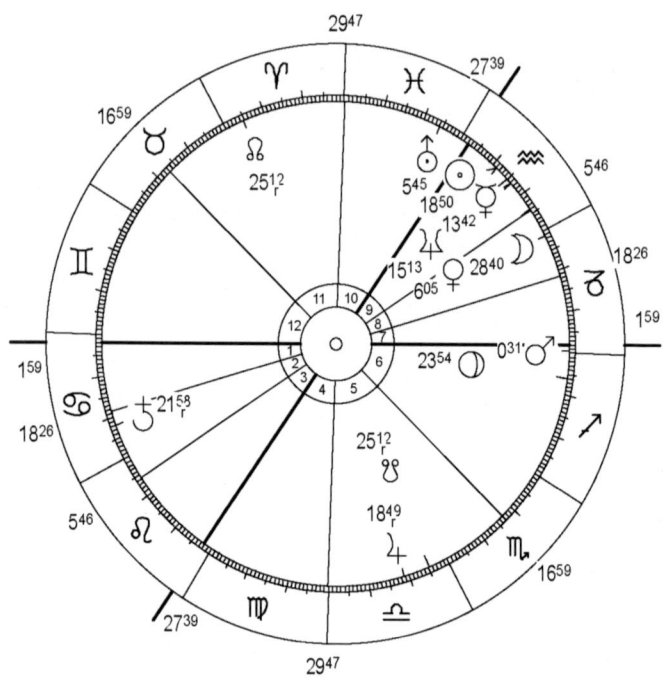

Abbildung 48: 7. Februar 2005 um 13:20 Uhr MEZ, in Bergisch Gladbach (7.07O, 50.59 N), Placidus

Übungshoroskop 24: Ist X. etwas passiert, und kann ich ihr dann helfen?

Der Hintergrund:

Der Fragesteller erwartete eine Geschäftskollegin, mit der er auch freundschaftlich verbunden war. Zum vereinbarten Termin kam sie nicht bei ihm an.

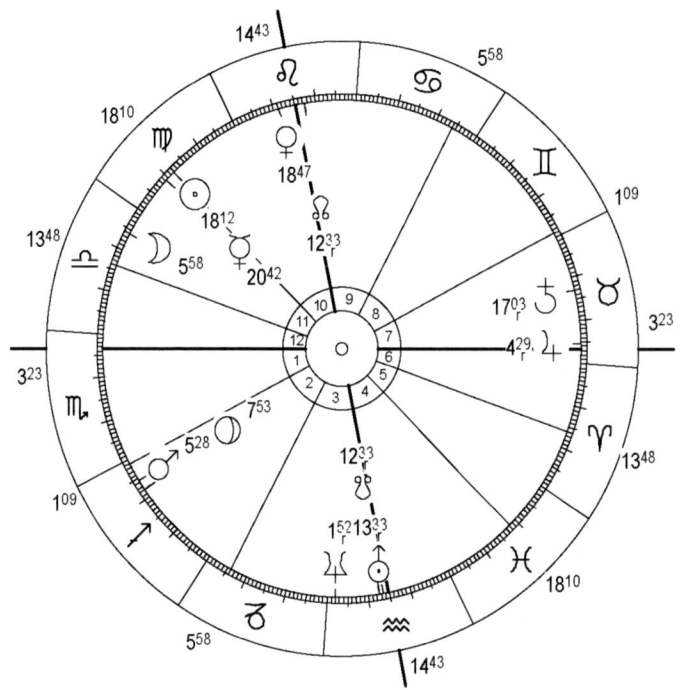

Abbildung 49: 11. September 1999 um 11:21 Uhr MESZ, in Köln (06.59 O, 50.56 N), Placidus

Handys waren Ende des letzten Jahrhunderts noch nicht so üblich, und darum konnten sie sich auch nicht telefonisch erreichen. Er machte sich große Sorgen.

Diese Frage ist nicht als ausdrückliche Suchfrage gestellt. Doch ich habe sie hier mit aufgenommen, weil es für den Fragesteller letztlich darum ging, ob er wieder Kontakt zu seiner Geschäftsfreundin bekommt.

Kapitel XII:
Schnellanalysen

Wie geht es Ihnen auf dem Parcours durch die Beispielwelt des Verlorenen und Gesuchten? Meist geht es zum Glück »nur« um die kleinen, wenn auch lästigen Dinge des Lebens, wie die verlorenen Hausschlüssel, Taschen, Scheckkarten oder Dokumente. Es ist ja auch mein Hauptmotiv in diesem Buch, Ihnen ein Instrumentarium an die Hand zu geben, um sich selbst und anderen das Alltagsleben in dieser Hinsicht ein wenig erleichtern zu können.

Sie sind nun so weit, auch Schnellanalysen machen zu können, also kurz und knapp und in Windeseile auf eine gestellte Suchfrage eine Antwort geben zu können, wenn es das Stundenhoroskop denn erlaubt.

Sie erinnern sich vielleicht an die bisherigen Suchhoroskope, in denen zwei oder gar alle drei ersten Indikatoren a) – c) auf ↑, also »Grün« zeigten. Bei Schnellanalysen werden auch diese drei Anzeiger die Hauptrolle spielen. Fokussieren Sie sich in den folgenden Übungsbeispielen zusätzlich auf mögliche prominente Stellungen von Langsamläufern. Lösungen wie immer im Anhang, hier ab Seite 231.

Übungshoroskop 25:
Wo ist meine Kette?

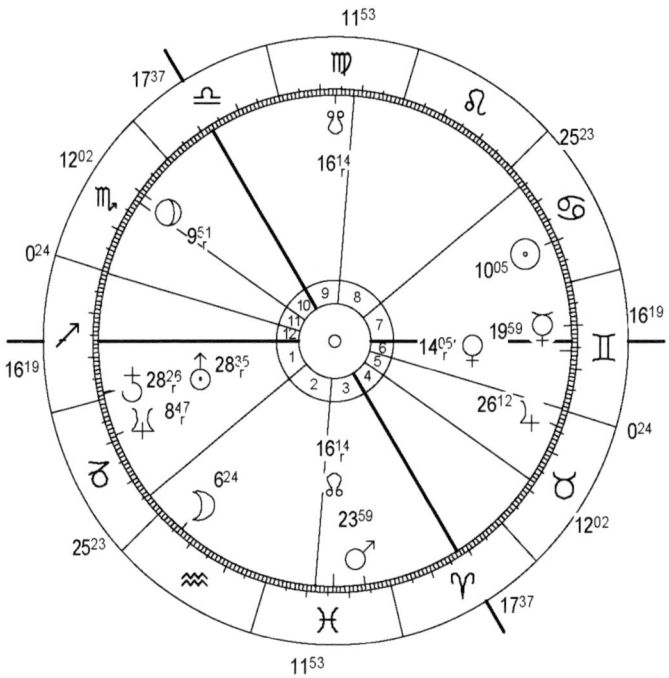

*Abbildung 50: 1. Juli 1988 um 19:57 Uhr MESZ,
in Köln (06.59 O, 50.56 N), Placidus*

Der Hintergrund:

Eine Bekannte vermisste ihre wertvolle Halskette.

Übungshoroskop 26:
Wo ist mein Kellerschlüssel?

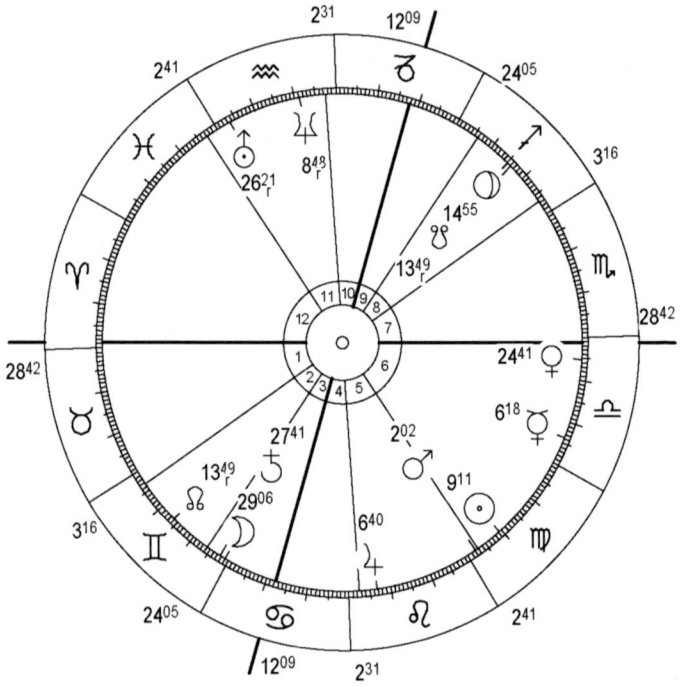

Abbildung 51: 1. September 2002 um 21:35 Uhr MESZ, Ort geschützt, Placidus

Der Hintergrund:

Der Fragesteller vermisste seit längerem seinen Kellerschlüssel, und nun fragte er sich, ob er das Schloss aufbrechen solle. Natürlich wollte er das vermeiden und daraus resultierte die Frage.

Übungshoroskop 27:
Wo ist mein schwarzer Schal?
Finde ich ihn wieder?

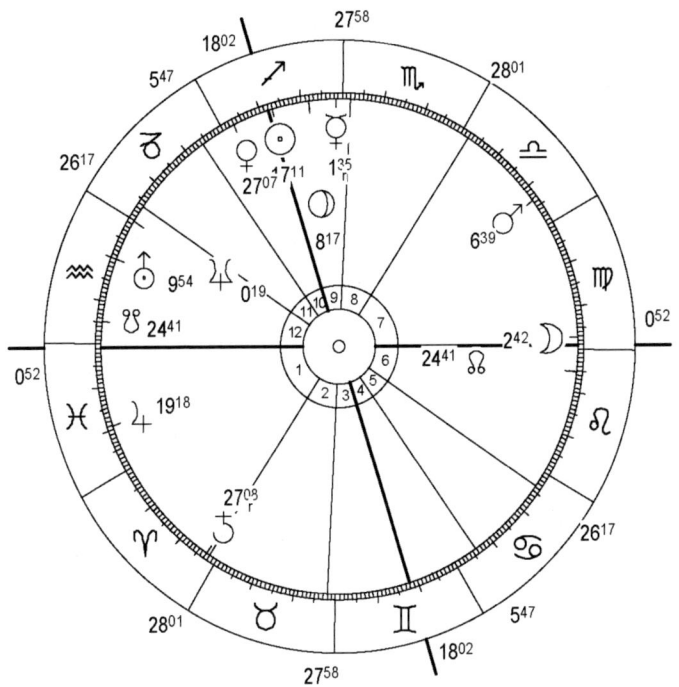

Abbildung 52: 9. Dezember 1998 um 12:28 Uhr MEZ, in Köln (06.59 O, 50.56 N), Placidus

Hintergrund:

Ich hatte meinen schwarzen Lieblingsschal verlegt.

Übungshoroskop 28:
Finde ich das Fahrrad wieder und falls ja, wo und wann?

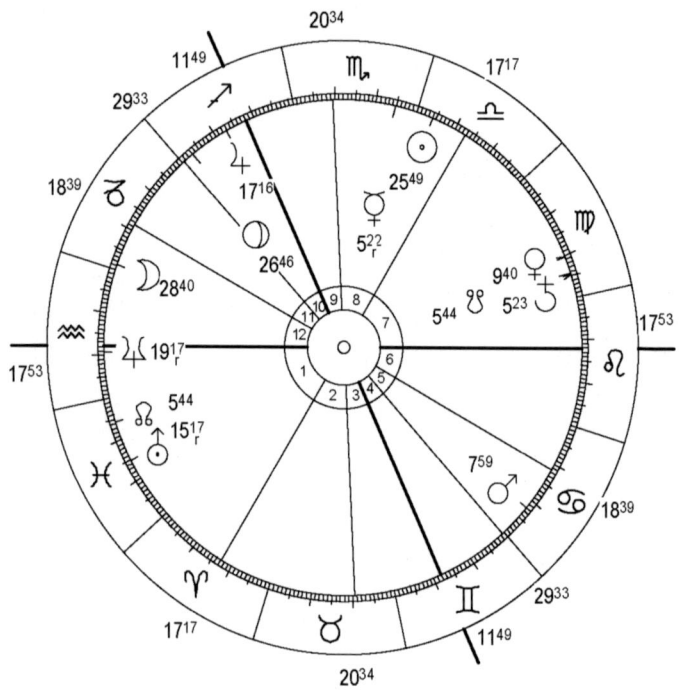

Abbildung 53: 19. Oktober 2007 um 16:22 Uhr MESZ,
in Bergisch Gladbach (7.07 O, 50.59 N), Placidus

Der Hintergrund:

Einem Freund ist sein tolles und neues Fahrrad tags zuvor in den Abendstunden gestohlen worden.
 Er sagte mir schon vorab am Telefon, dass er nach seinem Gefühl das Fahrrad nicht mehr wiederfinden würde.

Kapitel XIII:
Sonderfälle

Suchfragen sind nicht immer einer schnellen Analyse zugänglich. Manche Beispiele können es auch »in sich haben«, was zum Glück nicht oft vorkommt. Aus den nun abschließenden Horoskopbeispielen werden Sie als Leserinnen und Leser auch deshalb besonders viel Nutzen ziehen können, weil es sich bis auf das Pilotbeispiel 6 und das Übungshoroskop 34 um Fehldeutungen meinerseits handelt. Einige Checkpunkte des aktuellen Analysefahrplans sind das Ergebnis der Korrektur meiner damaligen Fehler.

Pilotbeispiel 6: Wo ist der Generalschlüssel der Firma?

Der Hintergrund:

Die Fragestellerin arbeitete in einem Betrieb, in welchem vor zwei Wochen der Generalschlüssel abhanden gekommen war. Mithilfe dieses Schlüssels wurde schon ein Notebook entwendet. Die Mitarbeiter waren nun besorgt, ob die »neuen Besitzer« des Generalschlüssels sich noch andere wertvolle Gegenstände und Unterlagen einverleiben könnten.

Schritt 5: Die Signifikatoren

- Die Fragestellerin ist die Venus wegen dem Aszendenten in der Waage.

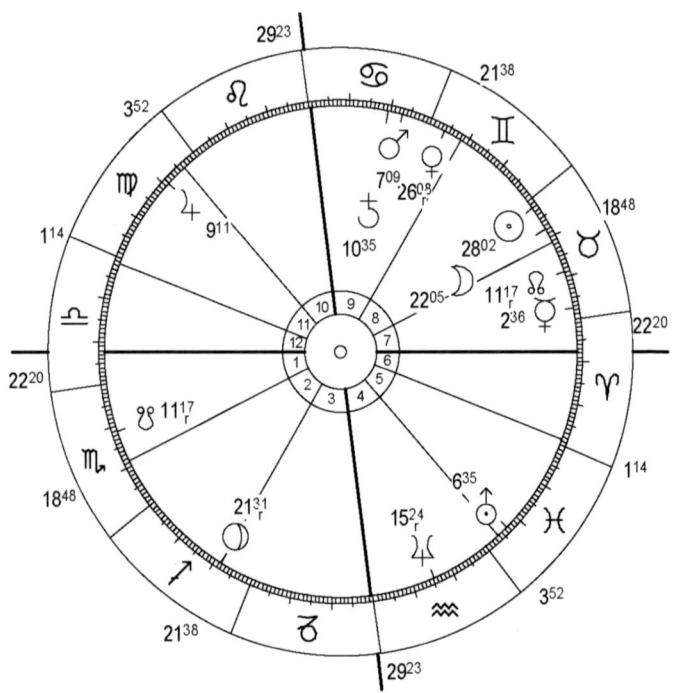

Abbildung 54: 18. Mai 2004 um 17:51 Uhr MESZ, in Bergisch Gladbach (7.07 O, 50.59 N), Placidus

- Der gesuchte Schlüssel befindet sich im dritten Haus. Zusätzlich wird diese Hausspitze durch den prominent stehenden Langsamläufer Pluto betont. Damit ist der Hauptsignifikator für den gesuchten Generalschlüssel Jupiter (Hausspitze drei im Schützen).
- Als Verwandtschaftsplanet für solche Gegenstände gilt in der Regel der Merkur. Doch wegen des markanten Standes von Merkur im siebten Haus (dort befinden sich auch die potentiellen Diebe) war ich vorsichtig: Es kann sein, dass Merkur hier die Diebe und nicht den

Schlüssel repräsentiert. Also ließ ich die Zuordnung des Merkurs an dieser Stelle noch offen.
- Dann haben wir noch den Mond als Mitsignifikator für das Gesuchte.

▶ *Steht Merkur als Verwandtschaftsplanet für potentielle Diebe im siebten Haus, dem Haus also, dem die Diebe auch zugeordnet sind, dann sollte man in Betracht ziehen, dass ein positiver Ausgang durch Aspekte zwischen Merkur und dem Signifikator für das Gesuchte vereitelt werden kann. In solch einem Fall bedeutet dies nämlich, dass die Diebe (Merkur) im Besitz des Gesuchten bleiben.*

Schritt 6: Checkliste

(a) ↓ Wenn wir den Merkur erst einmal weglassen, stehen weder Jupiter noch Mond an einer Hauptachse.

(b) ↑ Wegen der Rückläufigkeit der Venus kommt ein Sextil zwischen der Fragestellerin und dem Hauptsignifikator für das Gesuchte, dem Jupiter, zustande (siehe Ephemeriden).

(c) ↓ Jupiter ist nicht rückläufig.

(d) ↑ Zwischen dem Herrscher des zweiten Hauses, Mars (Spitze des zweiten Hauses im Skorpion), und dem Jupiter wird es ein Sextil geben.

(e) ↓ Der Mond appliziert vor Zeichenwechsel die Sonne. Diese applikative Konjunktion ist aber eine Verbrennung des Mondes und deshalb negativ zu bewerten.

(f) ↓ Der Mond wird keinen Aspekt mehr zum Jupiter machen.

(g) ↑ Beide Hauptlichter stehen über dem Horizont.

(h) ↓ Der Dispositor des Mondes ist die Venus (Mond im Stier). Zwischen diesen beiden Planeten wird es keinen Aspekt geben.

(i) ↓ Die Konjunktion des Mondes mit der Hausspitze acht und damit die Opposition zur Hausspitze zwei ist schon zu weit.

Den guten Aussichten insbesondere durch den Punkt b) steht die schon erwähnte Verbrennung des Mondes durch die Sonne entgegen.

Ergebnis:

Obwohl vieles dafür spricht, dass der Generalschlüssel der Firma wieder auftauchen wird, hatte ich mich dagegen entschieden. Die Rolle des schon eingangs erwähnten Merkurs gab für mich damals den Ausschlag. Dieser Planet appliziert Mars im Sextil, und da Mars der Herrscher des Besitzhauses zwei ist, ging ich davon aus, dass die Diebe (Merkur im siebten Haus) im Besitz des Generalschlüssels bleiben werden, dieser also nicht mehr auftauchen wird, auch im Kontext der Rolle von Pluto an der Hausspitze drei.

Im Rückblick gesehen hatte ich nicht das Argument der applikativen Verbrennung des Mondes durch die Sonne verwendet, das einen ausschlaggebenden Hinderungsgrund für das Wiederfinden darstellt. Ich hatte einfach ein bisschen Glück mit meiner Aussage.

Tatsächlich wurde der Generalsschlüssel nicht mehr gefunden. Die Leitung des Betriebs hatte die Schlösser nicht ausgetauscht und es wurde auch nicht mehr eingebrochen beziehungsweise nichts mehr an Gegenständen entwendet.

Vielleicht ist der letztendlich gute Ausgang an den positiven Indikatoren für das Wiederfinden zu sehen.

Übungshoroskop 29:
Ist der Hund tot oder finde ich ihn?

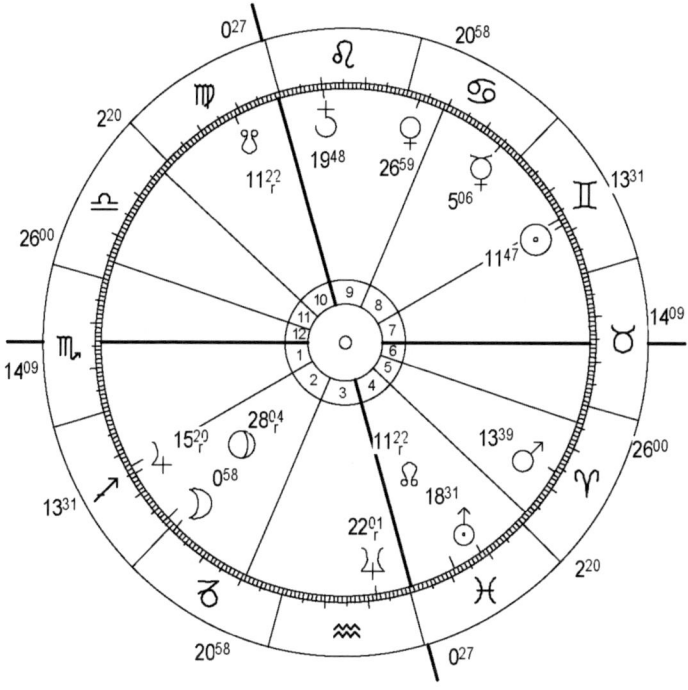

Abbildung 55: 2. Juni 2007 um 18:58:30 Uhr MESZ, in Bergisch Gladbach (7.07 O, 50.59 N), Placidus

Der Hintergrund:

Eine Frau rief mich aufgeregt an, weil ihr Hund schon mehrere Tage verschwunden war. Dieses Beispiel ist deshalb auch ein **Sonderfall**, weil es eigentlich keine Suchfrage ist. Doch war klar, dass die Frau wissen will, ob sie ihren Hund lebendig wiederfindet oder nicht.

Übungshoroskop 30: Kommt die Post noch an?

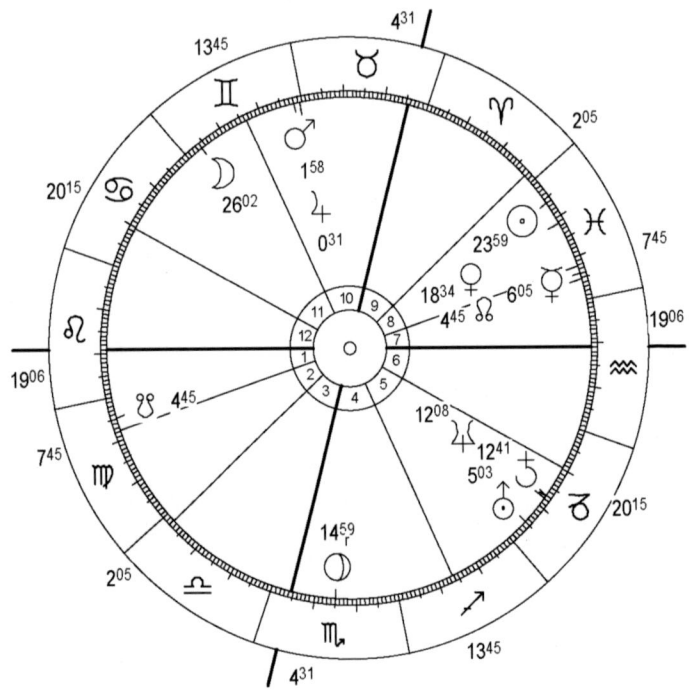

*Abbildung 56: 14. März 1989 um 15:12 Uhr MEZ,
Daten geschützt, Placidus*

Der Hintergrund:

Die Fragestellerin erwartet einen wichtigen Brief von ihrem Freund, der vor einer Woche abgeschickt worden war.

Obwohl die Frage nicht hieß »Wo ist mein Brief?« oder ähnlich formuliert ist, habe ich sie trotzdem unter die Suchfragen mit aufgenommen, denn letztlich ging es darum, ob die Post noch auftaucht bzw. gefunden wird.

Übungshoroskop 31:
Wo hat X den Ehering verloren?

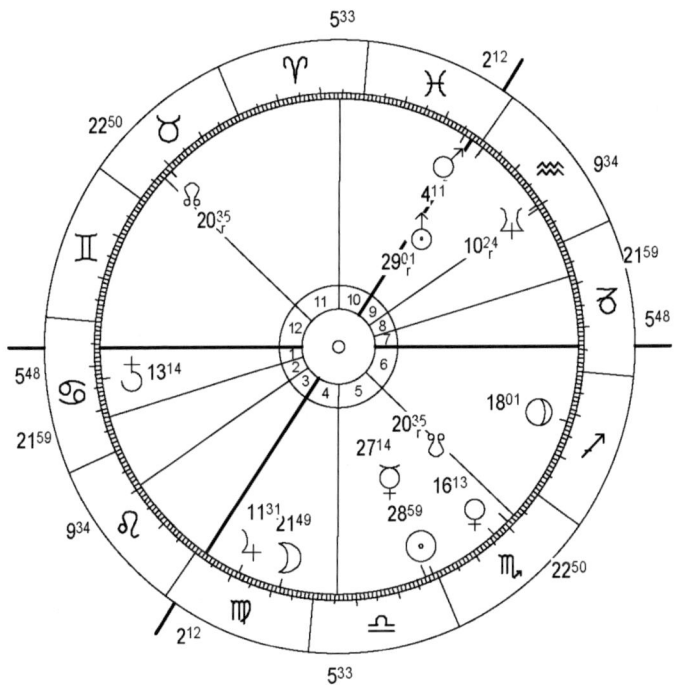

*Abbildung 57: 22. Oktober 2003 um 21:45 Uhr MESZ,
in Bergisch Gladbach (7.07 O, 50.59 N), Placidus*

Der Hintergrund:

Der Mann der Fragestellerin hatte während eines Besuchs bei Freunden seinen Ehering verloren. Das passierte schon das zweite Mal, und deshalb war seine Frau in Aufregung.

Übungshoroskop 32:
Wo ist meine ec-Scheckkarte?

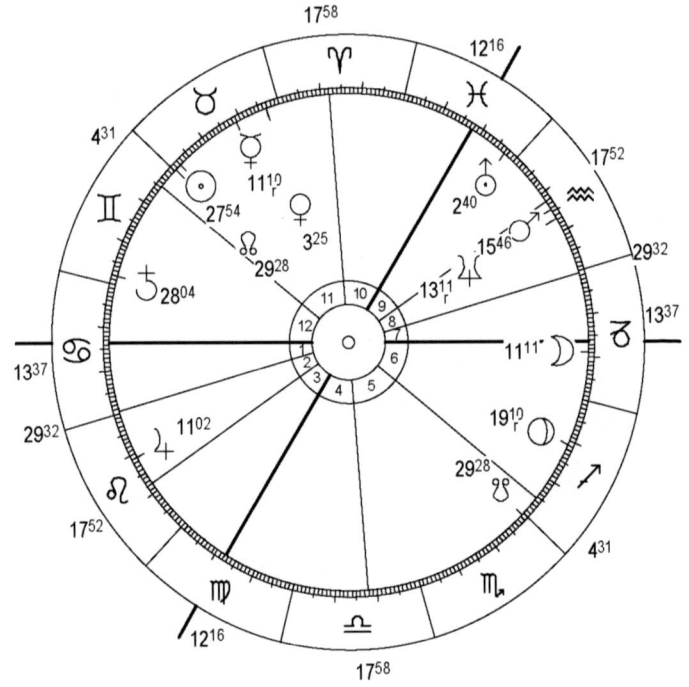

Abbildung 58: 19. Mai 2003 um 08:40 Uhr MESZ, in Bergisch Gladbach (7.07 O, 50.59 N), Placidus

Der Hintergrund:

Ein Bekannter vermisste seine Scheckkarte.

Übungshoroskop 33:
Wo ist der Schlüssel?

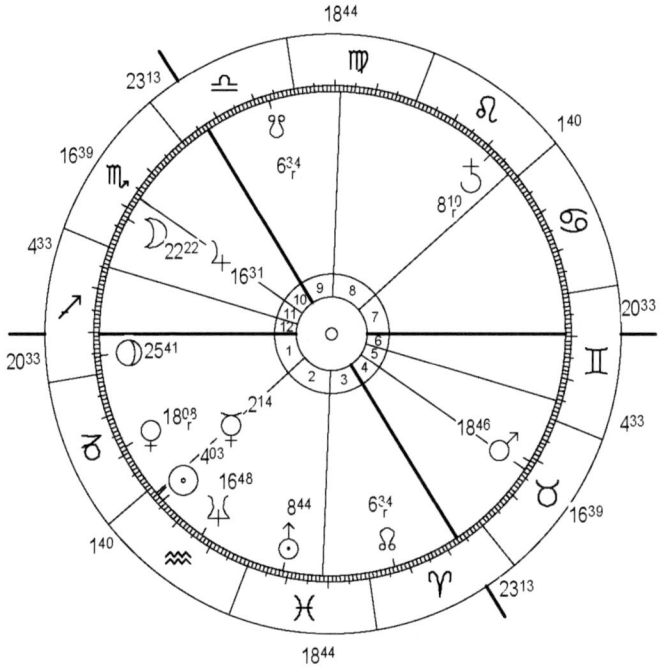

Abbildung 59: 24. Januar 2006 um 5:44 Uhr MEZ, in Bergisch Gladbach (7.07 O, 50.59 N), Placidus

Der Hintergrund:

Von einer Studierenden der Stundenastrologie bekam ich eine E-Mail mit der dringenden Bitte, ich möge doch schnell nachschauen, wo der Schlüssel zu ihrer Arbeitsstelle sei. Sie hatte ihn nicht gefunden. Das wäre ihr nun schon zum dritten Mal passiert und natürlich dem Chef gegenüber sehr unangenehm.

Übungshoroskop 34:
Wo ist mein Autoschlüssel?

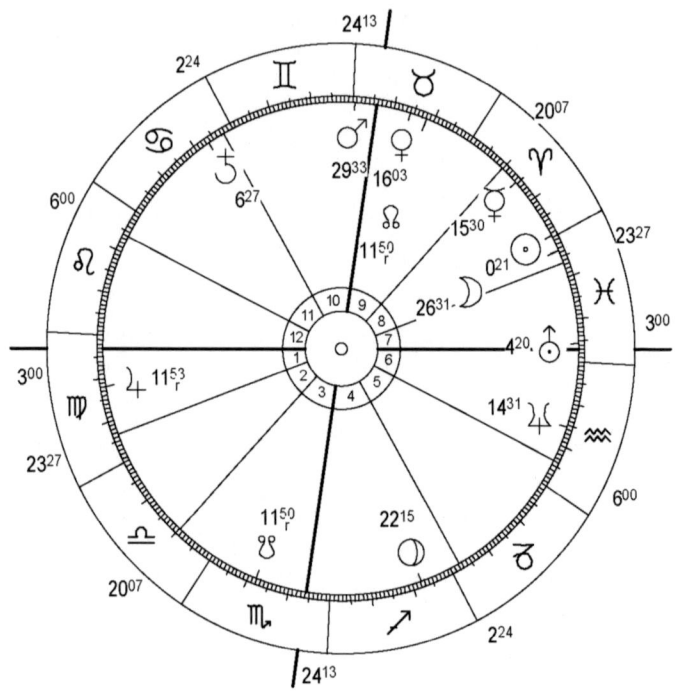

Abbildung 60: 20. März 2004 um 16:05 Uhr MEZ,
in Bergisch Gladbach, D (7.07 O, 50.59 N), Placidus

Der Hintergrund:

Eine Frau hatte ihren Autoschlüssel verloren. Sie fuhr zwar mittlerweile mit einem Ersatzschlüssel, war aber am Überlegen, ob sie sich wegen eines möglichen Diebstahls ein neues Schloss und damit auch einen neuen Autoschlüssel zulegen solle.

Epilog

Erinnern Sie sich noch an mein Angebot aus dem Vorwort? Als Leserinnen und Leser dieses Buches haben Sie die kostenlose Möglichkeit, weitere Suchhoroskope, die sich nach der Veröffentlichung dieses Werkes ergeben, von einem geschützten Bereich meiner Website abzurufen. Dazu benötige ich wie schon erwähnt Ihre E-Mail-Adresse, die Sie mir zukommen lassen können unter:
suchenundfinden@astrocoachingschmidt.de
Ich wünsche mir, dass mit diesem Buch ein lebendiger Austausch über Suchhoroskope in Gang kommt. Ob dies auf dem angesprochenen Weg am sinnvollsten ist oder ob andere Formen des Austausches im oder außerhalb des Internets für alle Beteiligten nützlicher sind, wird auch von der Resonanz auf mein Angebot abhängen. Lernen ist für mich keine Einbahnstraße, und deshalb will ich Ihnen meine lange Erfahrung in diesem Bereich der Stundenastrologie nicht als die ultimative Wahrheit anbieten. Wenn Sie andere Erfahrungen machen, lerne ich gerne von Ihnen. Dazu soll der Prozess verhelfen, dieses Buch über Suchfragen zu einem Startpunkt für einen fruchtbaren Austausch über dieses Gebiet der Stundenastrologie zu machen.

Möglicherweise drängt sich Ihnen auch der Eindruck auf, die Stundenastrologie würde nur aus Suchfragen bestehen. Tatsache ist jedoch, dass wichtige Lebensfragen, ob sie nun beruflicher oder privater Natur sein mögen, sich hervorragend mit der Stundenastrologie bearbeiten lassen. Dazu braucht es über dieses Buch hinausgehende stundenastrologische Techniken.

Wenn Sie hierüber etwas lernen möchten, kann ich Ihnen die Möglichkeit anbieten, meinen kostenlosen und unverbindlichen **Newsletter** zu abonnieren. Sie sind dann nicht nur immer über die aktuellen Seminare, Ausbildungen beziehungsweise Kurse informiert, sondern bekommen zugleich einmal im Monat Spannendes und Interessantes im weiteren Umfeld um die Stundenastrologie einschließlich Beispielhoroskope gemailt.

Anhang

Lösungen zu den Übungen

Lösungen zu Übung 1: Häuserherrscher

- Das vierte Haus (das IC) beginnt im Wassermann, also ist Saturn der Herrscher des vierten Hauses, des Imum Coeli.
- Das fünfte Haus beginnt in den Fischen, also ist Jupiter der Herrscher des fünften Hauses.
- Das sechste Haus beginnt im Widder, also ist Mars der Herrscher des sechsten Hauses.
- Das siebte Haus (der DC) beginnt im Stier, also ist die Venus die Herrscherin des Deszendenten /des siebten Hauses.
- Das achte Haus beginnt in den Zwillingen, also ist Merkur der Herrscher des achten Hauses.
- Das neunte Haus beginnt im Krebs, also ist der Mond der Herrscher des neunten Hauses.
- Das 10. Haus (MC) beginnt im Löwen, also ist die Sonne Herrscherin des 10. Hauses, des Medium Coeli.
- Das 11. Haus beginnt in der Jungfrau, also ist Merkur der Herrscher des 11. Hauses.
- Das 12. Haus beginnt in der Waage, also ist die Venus die Herrscherin des 12. Hauses.

Lösungen zu Übung 2:
Applikative und separative Aspekte

- Aspekte des Mondes: nur applikative, weil der Mond frisch im Zeichen Stier ist. Diese sind: Quadrat zur Venus und zum Jupiter.
- Aspekte des Merkurs: nur applikative, weil kein Planet auf weniger als 4 Grad (Merkur steht auf gut vier Grad) in seinem Zeichen steht. Diese sind: Zusätzlich zum Sextil zur Venus noch eines zum Jupiter.
- Aspekte der Venus: nur applikative; das Sextil zur Sonne kommt nicht mehr zustande, weil die Sonne vorher das Zeichen Zwillinge verlässt (siehe Ephemeriden). Die Konjunktion zum Jupiter jedoch schafft die Venus, bevor sie Ende Juli 2015 rückläufig wird (siehe auch wiederum die Ephemeriden).
- Aspekte der Sonne: Neben dem schon angesprochenen separativen Sextil zum Jupiter und der applikativen Konjunktion zum Mars macht die Sonne keine weiteren Aspekte.
- Aspekte des Mars: Der Mars könnte nur noch die langsameren Planeten Jupiter und Saturn aspektieren, was aber von den Gradzahlen her nicht geht.
- Aspekte des Jupiters und Saturns: keine.

Lösungen zu Übung 3:
Bestimmung von Dispositoren

- Mond: Der Dispositor des Mondes ist Jupiter, weil der Mond sich im Schützen befindet und Jupiter zu diesem Tierkreiszeichen gehört.

- Jupiter: Der Dispositor des Jupiters ist Saturn, denn Saturn gehört zum Steinbock, und in diesem Tierkreiszeichen befindet sich der Jupiter.
- Saturn: Merkur ist der Dispositor des Saturn, weil Saturn sich in der Jungfrau aufhält und in diesem Tierkreiszeichen der Merkur herrscht.

Lösungen zu Übung 4: Bestimmung von Spiegelpunkten

- *Mond*: Die Antiszie des Mondes fällt auf 4 Grad und 46 Minuten in den Widder. Am schnellsten können Sie das sehen, indem Sie zuerst die Gegenantiszie bestimmen, also den Mond an der Achse 0 Grad Waage spiegeln. Der Mond fällt dann nämlich auf 4 Grad und 46 Minuten in die Waage. In Opposition dazu liegt die Antiszie des Mondes.
- *Merkur*: Die Antiszie des Merkurs fällt auf 7 Grad und 5 Minuten in den Löwen, die Gegenantiszie damit genau gegenüber, also auf 7 Grad und 5 Minuten in den Wassermann. Die Gegenantiszie können Sie auch wieder durch Spiegelung an 0 Grad Widder bestimmen.
- *Venus*: Die Bestimmung der Gegenantiszie geht schneller, weil die Venus schon im Widder steht. Die Gegenantiszie der Venus fällt dann auf 4 Grad und 49 Minuten in die Fische. Damit liegt die Antiszie gegenüber den Fischen, also auf 4 Grad 49 Minuten in der Jungfrau.
- *Sonne:* Weil die Sonne schon nahe an 0 Grad Krebs steht, lässt sich die Antiszie schnell bestimmen. Sie fällt auf 19 Grad und 5 Minuten in den Krebs. Deshalb fällt die Ge-

genantiszie der Sonne in das gegenüberliegende Zeichen Steinbock auf 19 Grad und 5 Minuten.
- *Mars:* Die Gegenantiszie des Mars fällt auf 29 Grad und 42 Minuten in den Wassermann. Damit kommt die Antiszie des Mars gegenüber auf 29 Grad und 42 Minuten im Löwen zu liegen.
- *Jupiter:* Die Gegenantiszie des Jupiters fällt in den Stier, und zwar auf 3 Grad und 18 Minuten. Deshalb fällt die Antiszie des Jupiters im gegenüberliegenden Zeichen Skorpion auch auf 3 Grad und 18 Minuten.
- *Saturn:* Durch Spiegelung an 0 Grad Waage ist sofort die Gegenantiszie des Saturns auf 14 Grad und 53 Minuten in der Waage zu erkennen. Im gegenüberliegenden Zeichen Widder liegt dann die Antiszie des Saturns auf der gleichen Gradzahl.

Lösungen zu Übung 5: Wechselseitige Rezeptionen

- Mond und Jupiter stehen in wechselseitiger Rezeption, denn der Mond steht in Jupiters Domizil Fische und Jupiter im Domizil des Mondes, dem Krebs.
- Mars und Venus stehen in wechselseitiger Rezeption, denn die Venus steht in der Erhöhung Steinbock für den Mars und der Mars steht im Domizil Waage für die Venus.
- Mars und Saturn stehen in wechselseitiger Rezeption, denn Mars steht in der Erhöhung Waage für den Saturn und dieser steht im Domizil Skorpion für den Mars.

Lösungen zu Übung 6:
Abgeleitete Häuser

Zu 1: Haus neun, denn:

Kinder gehören zum fünften Haus. Meine Kinder haben wieder Kinder, also tragen die Kinder meiner Tochter oder meines Sohnes auch die Nummer fünf. Zählen Sie einfach fünf Häuser weiter und gehen dabei vom Haus fünf aus. Haus fünf hat damit schon die neue, die »abgeleitete Hausnummer« eins. Dann sehen Sie, dass das fünfte vom fünften Haus das Haus 9 ist.

Zu 2: Haus zehn, denn:

Die Enkelin haben wir schon: Haus neun. Das Stofftier ist ein Besitz der Enkelin, hat also mit dem zweiten Haus zu tun. Wir zählen zwei Häuser weiter – wieder das Haus neun schon als abgeleitete Hausnummer eins gezählt – und kommen zum Haus 10.

Zu 3: Haus sieben, denn:

Der Sohn ist Haus fünf, und Briefe gehören zum Haus drei. Also müssen wir vom Haus fünf drei Häuser weiter zählen und kommen zum Haus sieben.

Zu 4: Haus drei, denn:

Die Schwester gehört zu Haus drei. Elf Häuser weitergezählt kommen wir zur Freundin der Schwester und landen im Haus eins. Wieder drei Häuser (Zeitung) weitergezählt kommen wir zum Haus drei.

Zu 5: Haus zwölf, denn:

Die Kollegin ist in Haus sieben. Von dort aus zählen wir sechs Häuser (kleine Haustiere) weiter und gelangen zum Haus 12.

Zu 6: Haus zwei, denn:

»Unser« Hausmeister ist »unser« Bediensteter und daher dem Haus sechs zuzuordnen. (Wäre es ein fremder Hausmeister, dann wäre er im Haus sieben). Der Vater unseres Hausmeisters hat die Nummer vier, also vier Häuser weiter gezählt kommen wir zum Haus neun. Zur Katze (kleine Haustiere Haus sechs) kommen wir, wenn wir vom Haus neun wieder sechs Häuser weiterzählen und landen beim Haus zwei.

Zu 7: Haus elf , denn:

Der Chef sitzt im Haus 10 und zwei Häuser weitergezählt (Geld) kommen wir dann zum Haus 11.

Lösungen zu den Übungshoroskopen

Lösung zum Übungshoroskop 1:
Finde ich meine Handtasche wieder?

Schritt 5: Die Signifikatoren

- Der Signifikator für die Fragestellerin ist Mars, weil der Aszendent Widder ist.
- Die gesuchte Handtasche ist im zweiten Haus zu finden. Die Hausspitze zwei beginnt im Stier, also ist die Venus Herrscherin des zweiten Hauses und damit der Hauptsignifikator für die Tasche.
- Der Mond ist natürlicher Signifikator für das Gesuchte.

Schritt 6: Checkliste

(a) ↑ Der Mond steht im Eckhaus vier.

(b) ↓ Gibt es einen Aspekt zwischen der Sucherin Mars und der Venus beziehungsweise dem Mond? Nein, denn das Trigon von Mond zu Mars ist separativ. Venus und Mars können keinen klassischen Aspekt miteinander haben.

(c) ↓ Die Venus ist direktläufig.

Unsere Mienen können sich trotzdem aufhellen: Die Handtasche wird wiedergefunden werden, weil einer der drei Indikatoren a) – c) positiv ausfällt.

(d) ↓ Das Quadrat zwischen Mond und Venus (Herrscherin des zweiten Hauses wegen Hausspitze zwei in der Waage) ist separativ.

(e) ↑ Es gibt ein applikatives Sextil vom Mond zur Sonne.
(f) ↓ Wegen d)
(g) ↓ Beide Hauptlichter stehen unter dem Horizont.
(h) Dieser Punkt entfällt: Der Mond steht in seinem Domizil Krebs, es gibt also keinen vom Mond getrennten Dispositor.
(i) ↓ Der Mond hatte ein Quadrat zum Aszendenten, das nun separativ ist. Zur Hausspitze zwei gibt es keinen Aspekt. Die Venus steht auf 3 Grad und 10 Minuten. Damit kommen keine Aspekte zum Aszendenten (auf 12 Grad und 54 Minuten) beziehungsweise zur Spitze des zweiten Hauses (24 Grad und 26 Minuten) infrage.

Die Venus könnte von der Sonne verbrannt sein. Doch die Konjunktion der Venus zur Sonne ist separativ und beide Planeten stehen in unterschiedlichen Tierkreiszeichen.

Zusammenfassung:

Einer der ersten drei Punkte ist positiv und zusätzlich noch e): Meine Einschätzung war, dass die Handtasche in Kürze wiedergefunden wird.

Tatsächlicher Verlauf:

Die Tasche wurde am Nachmittag des Folgetages gefunden. Wo? Dieses Geheimnis wurde in Kapitel IV gelüftet.

Lösung zum Übungshoroskop 2: Habe ich die Chance, meinen Schlüsselbund wieder zu finden?

Schritt 5: Die Signifikatoren

- Die Spitze des ersten Hauses steht im Wassermann, also ist der Signifikator für den Fragesteller Saturn.
- Den Schlüsselbund finden wir im dritten Haus. Dessen Spitze steht im Stier, also ist die Venus der Hauptsignifikator für die gesuchten Schlüssel.
- Merkur ist Verwandtschaftsplanet für Schlüssel.
- Wie immer ist der Mond natürlicher Signifikator für das Gesuchte.

Schritt 6: Checkliste

(a) ↓ Saturn steht zwar im Eckhaus eins, aber er ist Signifikator für den Fragesteller und nicht Signifikator für den gesuchten Schlüsselbund.

(b) ↑ Sowohl der Mond wie auch die Venus, also die beiden Signifikatoren für das Gesuchte, applizieren den Fragesteller Saturn im Trigon.

(c) ↓ Die Venus ist nicht rückläufig.

(d) ↓ Der Herrscher des zweiten Hauses ist der Mars, weil die Spitze dieses Hauses im Widder steht. Weder der Mond noch die Venus haben einen Aspekt zu Mars.

(e) ↓ Mond und Sonne hatten eine Konjunktion.

(f) ↑ Es gibt eine applikative Konjunktion zwischen Mond und Venus.

(g) ↑ Die beiden Hauptlichter, Mond und Sonne, stehen über dem Horizont.

(h) ↓ Der Mond steht im Skorpion, also ist sein Dispositor der Mars. Aus d) wissen wir schon, dass Mond und Mars sich nicht aspektieren werden.
(i) ↑ Die Venus hat einen Aspekt zum Aszendenten.

Der Mond ist nicht von der Sonne verbrannt, denn die Konjunktion zur Sonne ist separativ, der Neumond also schon vorbei.

Zusammenfassung:

Meine Einschätzung war, dass der Schlüsselbund wiedergefunden wird. Den Verwandtschaftsplaneten Merkur benötigen wir gar nicht mehr.

Der tatsächliche Verlauf:

Der Mann fand am nächsten Morgen zufällig den Schlüsselbund wieder. Leider hatte ich damals vergessen, mir zu notieren, wo er ihn wiedergefunden hatte.

Lösung zum Übungshoroskop 3: Wo ist mein Hausschlüssel?

Schritt 5: Die Signifikatoren

- Der Signifikator für die Fragestellerin ist die Sonne, weil der Aszendent im Löwen steht.
- Der Hauptsignifikator für einen Hausschlüssel ist normalerweise im dritten Haus zu finden. Doch müssen wir hier bedenken, dass die Fragestellerin Besitzerin ihres Hauses ist und damit auch Besitzerin ihres Schlüssels. Von daher passt das zweite Haus hier besser, im Gegensatz zum Schlüssel einer Mietwohnung wie in Übungshoroskop 2. Das macht in unserem Beispiel auch deshalb

Sinn, weil der Merkur als Verwandtschaftsplanet für Schlüssel auch der Herrscher des zweiten Hauses ist (Haus zwei in der Jungfrau).
- Als natürlichen Signifikator für das Gesuchte haben wir wie immer den Mond.

Schritt 6: Checkliste

(a) ↓ Weder Mond noch Merkur stehen in einem der vier Eckhäuser.

(b) ↓ Der Mond macht keinen der klassischen Aspekte zur Sonne, dem Signifikator für die Fragestellerin. Beim Hauptsignifikator Merkur könnte man vermuten, dass der Merkur im Zeichen Wassermann die Sonne noch erreicht. Schauen Sie in die Ephemeriden und Sie werden feststellen, dass die Sonne vorher das Zeichen verlässt und die Konjunktion zu Merkur nicht mehr zustande kommt.

(c) ↓ Der Merkur ist direktläufig.

(d) ↓ Mond und Merkur bilden keinen Aspekt miteinander.

(e) ↓ Wegen b)

(f) ↓ Siehe d)

(g) ↑ Der Mond steht über dem Horizont, die Sonne geht gerade im Westen unter.

(h) Entfällt: Der Mond steht in seinem Domizil Krebs, er ist also sein eigener Dispositor.

(i) ↓ Weder der Mond noch der Merkur haben einen engen Aspekt zur Spitze des zweiten Hauses.

Zusammenfassung:

Keine der ersten drei Bedingungen a) bis c) ist erfüllt. Hier kommt hinzu, dass auch bei den weiteren Bedingungen e) bis i) nur eine positiv ausfällt, und das ist einfach zu wenig.

Meine Einschätzung war, dass der Hausschlüssel nicht mehr gefunden wird.
Tatsächlich war dem auch so. Der Schlüssel wurde nicht mehr gefunden, die Hausbesitzerin tauschte alle Schlösser im Haus aus und war dann beruhigt.

Lösung zum Übungshoroskop 4: Kommt dieser Brief noch an?

Schritt 5: Die Signifikatoren

- Der Aszendent steht in den Fischen, also ist der Signifikator für die Fragestellerin der Jupiter.
- Briefe gehören in das dritte Haus. Die Spitze des dritten Hauses steht in den Zwillingen, also ist Merkur der Hauptsignifikator für den Brief. Das ist auch der Verwandtschaftsplanet für Briefe.
- Wie immer ist der Mond natürlicher Signifikator für das Gesuchte.

Schritt 6: Checkliste

(a) ↑ Sowohl Mond wie auch Merkur stehen in Eckhäusern.

(b) ↑ Zwischen dem Mond und dem Jupiter gibt es keinen Aspekt. Bei Merkur und Jupiter sieht es erst mal genauso aus. Doch wenn wir in den Ephemeriden nachschauen, wird Merkur noch in den Fischen rückläufig. Also wird dieser Planet in ein Trigon zu Jupiter zurücklaufen.

(c) ↓ Merkur wird erst rückläufig, ist es aber jetzt noch nicht.

(d) ↑ Die Hausspitze zwei steht im Stier, also ist Venus Herrscherin des zweiten Hauses. In 17 (Bogen)-Minuten wird Merkur das Sextil zur Venus erreicht haben. Der Mond ist noch nicht im Steinbock, also zählt die applikative Konjunktion des Mondes zur Venus nicht.

(e) ↓ Zwischen Mond und Sonne gibt es keinen Aspekt.

(f) ↓ Das Quadrat zwischen Mond und Merkur ist separativ.

(g) ↑ Beide Hauptlichter stehen über dem Horizont – die Sonne geht im Osten (Aszendent) gerade auf.

(h) ↓ Der Mond steht im Schützen, also ist der Dispositor des Mondes der Jupiter. Vom Jupiter wissen wir schon, dass dieser Planet der Signifikator für die Fragestellerin ist und nach b) gibt es keinen Aspekt zwischen den beiden Planeten.

(i) ↓ Sowohl Mond wie Merkur machen keine exakten Aspekte zum Aszendenten oder zur Spitze des zweiten Hauses.

Zusammenfassung:

Wegen der positiven Anzeichen a) und b) sowie d) und g) kommt der Brief auf jeden Fall noch an.

Diese **Einschätzung** gab ich auch an die Fragestellerin weiter.

Tatsächlich erreichte der Brief 15 Tage nach der Fragestellung die Dame.

Hinweise für Versierte der Stundenastrologie:

- Merkur steht knapp 15 Grad vom Aszendenten entfernt. Mit Merkur in einem Eckhaus (schnelle Zeiteinheit) und in einem variablen Zeichen (mittlere Zeiteinheit) kann das Zeitmaß »Tage« nachvollzogen werden.

- Der Brief kommt nicht »unbehelligt« an, denn an der Spitze von Haus drei steht Mars, und solch ein »Übeltäter« an der zutreffenden Hausspitze kann einen Brief schon ein bisserl beschädigen.

Die Dame will lediglich wissen, ob der sehnsüchtig erwartete Brief noch eintrifft. Deshalb sind solche Feinheiten für sie nicht ausschlaggebend und daher nur für den Fachkundigen von technischem Interesse.

Lösung zum Übungshoroskop 5: Finde ich mein Schreibetui wieder?

Schritt 5: Die Signifikatoren

- Die Fragestellerin → Haus eins → Schütze → Jupiter
- Hauptsignifikator für den gesuchten Gegenstand → Haus drei (Schreibwerkzeuge) → Hausspitze drei in den Fischen → Jupiter. Jupiter ist aber schon für die Fragestellerin vergeben. Zum Glück bleiben uns der Mond als natürlicher Signifikator und der Merkur als Verwandtschaftsplanet für das Gesuchte.

Schritt 6: Checkliste

(a) ↑ Der Mond steht im Eckhaus eins.
(b) ↑ Der Mond wird nach neun (Bogen)-Minuten ein Sextil zu Jupiter machen.
(c) ↓ Der Merkur ist nicht rückläufig.
(d) ↑ Der Saturn beherrscht das zweite Haus (Hausspitze zwei im Wassermann). Der Mond wird Saturn nicht aspektieren. Jedoch wird Jupiter den Saturn im Quadrat applizieren.
(e) ↓ Das Trigon des Mondes zur Sonne ist separativ.

(f) ↓ Das Trigon des Mondes zu Merkur ist, wenn auch knapp, separativ.

(g) ↑ Zumindest die Sonne steht über dem Horizont.

(h) ↓ Der Dispositor des Mondes ist Saturn, weil der Mond im Steinbock steht. Dass es keinen Aspekt zwischen Mond und Saturn gibt, wissen wir schon aus d).

(i) ↓ Weder der Mond noch Merkur haben einen engen Aspekt zur Hausspitze des zweiten Hauses oder zum Aszendenten.

Der Merkur ist von der Sonne verbrannt. Doch ist das kein Hindernis, denn die Konjunktion der beiden Planeten ist separativ.

Zusammenfassung und meine Einschätzung:

Die Angelegenheit ist klar, das Schreibetui wird wieder gefunden werden. Die ersten beiden Kriterien unserer Checkliste sprechen eine klare Sprache. Ich empfahl der Fragestellerin, die Suche nicht aufzugeben.

Schritt 7: Selbst suchen oder gefunden werden?

Die Fragestellerin Jupiter war als Signifikator langsamer als die Signifikatoren für den gesuchten Gegenstand, Mond und Merkur. Also konnte die Frau nichts aktiv zur Suche beitragen.

Schritt 8: Die Örtlichkeiten für das Gesuchte

Mond und Merkur in Erdzeichen weisen darauf hin, dass das Schreibetui am Boden zu finden sein wird.

Schritt 9: Die Himmelsrichtungen für das Gesuchte

Wenn der Signifikator Mond in einem Eckhaus steht, dann muss das Schreibetui nahe bei der Fragestellerin sein, in östlicher Himmelsrichtung (Mond nahe AC).

Schritt 10: Besonderheiten

Damals hatte ich die Fragestellerin nicht auf den eingeschlossenen Steinbock mit Mond im ersten Haus verwiesen. Ich ermunterte sie lediglich, die Suche nicht aufzugeben. Doch im Nachhinein gesehen ist das ein ganz wichtiger Hinweis: Das gesuchte Schreibetui ist irgendwo eingeschlossen, wo es nicht hingehört, und dazu noch ganz nah bei der Fragestellerin.

Der tatsächliche Verlauf:

Unmittelbar nach Ende des Arbeitskreises machten sich einige Teilnehmerinnen auf den Weg und durchsuchten das Auto der Fragestellerin. Enttäuscht kamen sie zurück: nichts gefunden. Auch ich war enttäuscht, weil alles im Stundenhoroskop auf das Gegenteil hindeutete.

Am nächsten Morgen fand ich eine E-Mail der Kollegin vor, in der sie davon berichtete, dass sie das Schreibetui noch am selben Abend gefunden hätte! Es hatte ihr einfach keine Ruhe gelassen, besonders meine Bemerkung, dass der gesuchte Gegenstand »ganz nah« sein müsse. Mit dem Blick auf das Stundenhoroskop kombinierte sie während der nächtlichen Autofahrt nach Hause: Steinbock ist eingeschlossen zwischen dem warmen Schützezeichen und dem Luftzeichen Wassermann. Sie kam auf »heiße Luft« als astrologische Entsprechung und damit auf die Klimaanlage, die vom Boden des Autos her (Steinbock/Erde) den Innenraum aufheizt. Also machte sie sich dort auf die Suche und – siehe da, das Etui lag auf dem mit einem Teppich bezogenen Autoboden. Unter ihm befand sich die Klimaanlage und über dem Etui eine dunkle Automatte. Eine perfekte Entsprechung des im ersten Haus eingeschlossenen Steinbock Mondes, sogar die dunkle Matte als Symbol für das Steinbockzeichen stimmte – nur draufkommen muss man!

Das applikative Quadrat von Jupiter und Saturn weist im Übrigen auf die Schwierigkeiten bei der Suche hin.

Hinweise für Versierte der Stundenastrologie:

- Autos sind im dritten Haus zu finden. Die Spitze des dritten Hauses wird ebenfalls von Jupiter, also der Fragestellerin regiert. Der Signifikator für sie als Person und ihr Auto sind identisch. Das ist ein weiterer Hinweis, dass der gesuchte Gegenstand im Auto zu finden ist.
- Die Sonne verdeckt den Verwandtschaftsplaneten Merkur, das bedeutet, dass das Schreibetui nicht sichtbar ist.
- Schritt 7 scheint hier nicht zu klappen, denn die Fragestellerin hat selbst aktiv zur Suche beigetragen. Wir können uns das so erklären:

Ihr ist das Utensil so wichtig, dass wir auch Saturn aus dem zweiten Haus (Besitz) als Signifikator für das Schreibetui nehmen können. Dann ist ihr Signifikator Jupiter schneller als Saturn, und sie kann aktiv und erfolgreich an der Suche mitwirken.

Lösung zum Übungshoroskop 6: Wo ist der Gartenschlüssel?

Schritt 5: Die Signifikatoren

- Ich als Fragesteller bin der Jupiter, weil der Aszendent im Schützen steht.
- Der gesuchte Gartenschlüssel ist im dritten Haus zu finden. Dessen Hausspitze beginnt in den Fischen. Der Jupiter ist aber schon vergeben. Deshalb nehmen wir den Verwandtschaftsplaneten für Schlüssel, und das ist der Merkur.

- Wie immer ist der Mond natürlicher Signifikator für das Gesuchte.

Schritt 6: Checkliste

(a) ↑ Der Mond steht prominent am MC, und Merkur hält sich im Eckhaus vier auf.
(b) ↑ Der Mond macht keinen Aspekt zum Jupiter und der Merkur auch nicht. Doch halt: Die Gegenantiszie des Mondes fällt auf knapp 14° in der Jungfrau. Jupiter wird am 6. Mai, also nach vier Tagen, wieder direktläufig und wird von daher die Gegenantiszie des Mondes in der Jungfrau erreichen.
(c) ↓ Merkur ist nicht rückläufig.
(d) ↓ Weder der Mond noch der Merkur werden zum Herrscher des zweiten Hauses, dem Saturn, noch einen Aspekt machen.
(e) ↓ Mond und Sonne werden keinen Aspekt bilden.
(f) ↑ Mond und Merkur werden in Opposition zueinander treten.
(g) ↑ Zumindest der Mond steht über dem Horizont.
(h) ↑ Der Dispositor des Mondes ist die Venus (Mond in der Waage). Mond appliziert die Venus im Trigon.
(i) ↑ Merkur macht noch ein enges Quadrat zur zweiten Hausspitze.

Ergebnis:

Nach der Analyse war ich beruhigt: Ich werde auf jeden Fall den Gartenschlüssel wiederfinden.

Schritt 7: Selbst suchen oder gefunden werden?

Da ich als Jupiter langsamer laufe als Mond und Merkur und zudem noch rückläufig bin, kann ich selbst überhaupt nichts tun und nur abwarten.

Schritt 8: Die Örtlichkeiten für das Gesuchte

Der Mond steht in einem Luftzeichen und Merkur in einem Feuerzeichen. Der Schlüssel wird also zumindest nicht auf der Erde oder am Boden liegen.

Schritt 9: Die Himmelsrichtungen für das Gesuchte

Weil die beiden Signifikatoren für den gesuchten Schlüssel in gegenüberliegenden Eckhäusern stehen, macht es wenig Sinn, die Himmelsrichtung herauszufinden. Eines ist allerdings klar: Der Gartenschlüssel ist ganz nah (Eckhäuser).

Schritt 10: Eingeschlossene Zeichen und wechselseitige Rezeptionen

- Im zweiten Hauses ist das Zeichen Wassermann eingeschlossen und damit auch im Haus acht, dem Haus des fremden Besitzes, das gegenüberliegende Zeichen Löwe. Dies ist ein Hinweis darauf, dass der Schlüssel an einem Platz ist, wo er nicht hingehört.
- Merkur steht im Widder, im Domizil des Mars. Im Domizil des Merkurs, den Zwillingen, steht Mars. Diese wechselseitige Rezeption ist auch deshalb aufschlussreich, weil Mars im siebten Haus steht, also dem mir gegenüberliegenden Haus. In diesem Haus sind die Menschen lokalisiert, die in dieser Sache mit mir zu tun haben. Ich fragte mich daher, ob jemand anderes den Gartenschlüssel an sich genommen und ihn nicht wieder zurückgebracht hätte.

Tatsächlich hing der Schlüssel knapp zwei Tage nach meiner Frage wieder an seinem alten Platz. Ein Nachbar hatte ihn offensichtlich mitgenommen und wohl vergessen, ihn an den entsprechenden Platz zurückzuhängen.

▶ *Eine wechselseitige Rezeption muss nicht unbedingt zwischen zwei Signifikatoren stattfinden. Wie in diesem Beispiel sichtbar, reicht ein beteiligter Signifikator. Der andere Planet gibt die Informationen, mit was oder mit wem die Vertauschung stattgefunden hat.*

Lösung zum Übungshoroskop 7: Wo ist der Schlüssel zum Sekretariat?

Schritt 5: Die Signifikatoren

- Die Fragestellerin ist Mars wegen dem Skorpion-Aszendenten.
- Schlüssel sind im dritten Haus zu finden, und dieses beginnt im Steinbock. Also ist der Hauptsignifikator für den Schlüssel der Saturn.
- Merkur ist Verwandtschaftsplanet für den Schlüssel.
- Dann haben wir noch den Mond als natürlichen Signifikator für das Gesuchte.

Schritt 6: Checkliste

(a) ↓ ↑ Weder Saturn noch Merkur noch Mond stehen in Eckhäusern. Hier haben wir den Fall, dass die Fragestellerin Mars und der Merkur als Signifikator für das Gesuchte im selben Tierkreiszeichen stehen. Das könnte die erwähnte Ausnahme von der Regel sein.

(b) ↑ Die Fragestellerin Mars wird den gesuchten Schlüssel Saturn im Quadrat applizieren, denn im Vergleich zum Mars ist der Saturn immer noch sehr langsam. Der Aspekt wird also nicht verloren gehen (trotzdem zur Sicherheit in die Ephemeriden schau-

en!). Zum Mond gibt es keinen Aspekt, auch zu Merkur nicht: Diese Konjunktion ist separativ.
(c) ↓ Weder Merkur noch Saturn sind rückläufig.
(d) ↓ Das zweite Haus beginnt im Schützen, also ist der Signifikator für den Besitz der Jupiter. Obwohl Saturn sich schon spät im Zeichen Krebs aufhält, könnte es der Jupiter noch schaffen, ein Quadrat mit Saturn zu bilden. Dabei hilft, dass der Saturn im Zeichen Krebs noch rückläufig wird. Doch wenn wir in den Ephemeriden weiterblättern bis in den Februar 2005, sehen wir, dass auch Jupiter rückläufig wird. Es wird also nichts mit dem Aspekt zwischen den beiden Planeten. Auch Mond sowie Merkur werden keinen Aspekt mit Jupiter bilden.
(e) ↓ Mond und Sonne applizieren sich nicht.
(f) ↑ Den Verwandtschaftsplanet Merkur appliziert der Mond nicht, er kommt aber in das Sextil zu Saturn.
(g) ↑ Zumindest die Sonne steht über dem Horizont.
(h) ↑ Der Mond steht im Stier, also ist sein Dispositor die Venus. Der Mond wird die Venus gerade noch vor Zeichenwechsel im Quadrat aspektieren. Auch hier sind wieder die Ephemeriden unabdingbar, um diese Tatsache zu erkennen.
(i) ↓ Weder der Mond noch Merkur oder Saturn haben einen engen Aspekt zum Aszendenten beziehungsweise zu Hausspitze zwei.

Merkur ist zwar von der Sonne verbrannt (applikative Konjunktion), jedoch ist Merkur nicht der Hauptsignifikator für das Gesuchte.

Ergebnis:

Wir haben eine Fülle von Indizien, dass der Schlüssel zum Sekretariat wiedergefunden wird.

Schritt 7: Selbst suchen oder gefunden werden?

Mars ist schneller als Saturn, also kann die Fragestellerin zur Suche beitragen.

Dem steht jedoch entgegen, dass Mars als Signifikator für die Fragestellerin von der Sonne verbrannt ist, sie also selbst weder den Schlüssel sehen noch finden kann.

Schritt 8: Die Örtlichkeiten für das Gesuchte

Mond und Saturn sind in Tierkreiszeichen (Erde und Wasser), die eher auf niedrige Positionen hindeuten. Der Hauptsignifikator für das Gesuchte, Saturn, steht in einem Wasserzeichen: Der Schlüssel könnte an feuchten Orten liegen. Merkur als Verwandtschaftsplanet in einem Luftzeichen bringt die Örtlichkeiten ziemlich durcheinander, und wir können gar nichts Genaues mehr sagen.

Schritt 9: Die Himmelsrichtungen für das Gesuchte

Wenn wir den Hauptsignifikator Saturn betrachten, haben wir als Himmelsrichtung Süd-Süd-West, weil Saturn an der Spitze des neunten Hauses steht. Dabei gehen wir vom Standort der Fragerin aus. Weil die Signifikatoren sich nicht in Eckhäusern befinden, wird der Schlüssel weiter weg sein.

Schritt 10: Eingeschlossene Zeichen und wechselseitige- Rezeptionen

Wir haben Wassermann als eingeschlossenes Zeichen im signifikanten Haus drei. Wir können also davon ausgehen, dass der Schlüssel an einem Ort liegt, wo er nicht hingehört.

Was geschah?

Nach einer Stunde rief mich die Freundin glückverheißend an: Eine Kollegin hatte den Schlüssel auf der Toilette wiedergefunden (Saturn in einem Wasserzeichen). Die Freundin hatte ihn dort liegen gelassen.

Dass eine Kollegin ihn wieder findet, kann man – wenn auch nur im Nachhinein – sehen: Der Mond appliziert die Venus und die kommt aus Haus sieben (Kollegin). Der Schlüssel (Mond) kommt also zur Kollegin (Venus).

Lösung zum Übungshoroskop 8:
Wo sind die Belege für das Finanzamt?

Schritt 5: Die Signifikatoren

- Hier ist der Mond Hauptsignifikator für den Fragesteller, weil der Aszendent im Krebs steht. Deshalb können wir den Mond als natürlichen Signifikator für das Gesuchte nicht mehr verwenden.
- Für die gesuchten Belege bleiben uns als Signifikatoren: Die Sonne aus dem dritten Haus (Hausspitze drei im Löwen, und das dritte Haus steht für Dokumente) und Merkur als Verwandtschaftsplanet für Dokumente.

Schritt 6: Checkliste

(a) ↓ ↑ Weder Merkur noch die Sonne stehen in einem Eckhaus. Jedoch könnte hier wieder die Ausnahme von der Regel gelten: Merkur und Sonne als Signifikatoren für die Belege sowie der Fragesteller Mond stehen im selben Zeichen.

(b) ↓ Zwischen Mond und Sonne beziehungsweise Mond und Merkur gibt es keinen Aspekt.

(c) ↑ Merkur ist ebenso wie Saturn, der die Hausspitze drei betont, rückläufig.

(d) ↑ Merkur als Verwandtschaftsplanet für die Belege und die Sonne als Herrscherin über das zweite Haus (Hausspitze zwei beginnt schon im Löwen) werden wegen der Rückläufigkeit des Merkurs in Konjunktion zueinander kommen.
(e) ↓ Siehe b)
(f) Entfällt, weil der Mond Signifikator für den Fragesteller ist.
(g) ↑ Beide Hauptlichter stehen über dem Horizont.
(h) Entfällt, siehe f).
(i) ↓ Weder die Sonne noch der Merkur machen einen engen klassischen Aspekt zum Aszendenten beziehungsweise zur Spitze des zweiten Hauses.

Die Verbrennung des Merkurs durch die Sonne gilt deshalb nicht als Hindernis, weil die Sonne selbst Signifikator für das Gesuchte ist.

Ergebnis:

Die Lage ist klar: Die Rechnungsbelege werden wiedergefunden werden. Nur wo?

Schritt 7: Selbst suchen oder gefunden werden?

Da der Mond als Signifikator für den Fragesteller der schnellste Planet ist, kann der Mann sich normalerweise selbst auf die Suche machen. Doch steht dem entgegen, dass der Merkur nahe bei der Sonne steht und durch seine Rückläufigkeit noch in deren »Verbrennung« hineinläuft: Die Belege dürften durch aktive Suche nicht auftauchen.

Schritt 8: Die Örtlichkeiten für das Gesuchte

Merkur und Sonne stehen im Wasserzeichen Fische. Also sind die Dokumente nicht irgendwo in oberen Ablagen oder Ähnlichem versteckt, sondern befinden sich weiter unten.

Schritt 9: Die Himmelsrichtungen für das Gesuchte

Da die beiden Signifikatoren für das Gesuchte, Merkur und Sonne, noch im neunten Haus stehen, sind die Dokumente weiter weg vom Fragesteller. Richtungsmäßig ist es der Süden mit westlichem Einschlag.

Schritt 10: Eingeschlossene Zeichen und wechselseitige Rezeptionen

Wir haben, bezogen auf die Signifikatoren, kein eingeschlossenes Tierkreiszeichen. Die eingeschlossenen Zeichen Skorpion und Stier in Haus fünf beziehungsweise Haus 11 spielen hier keine Rolle.

Nach meiner Einschätzung vermutete der Freund richtig, dass die Steuerunterlagen noch da waren. Zusätzlich teilte ich ihm mit, dass sie nicht bei ihm zu finden sind. Genauere Angaben über den Aufenthaltsort der Dokumente konnte ich ihm allerdings nicht machen.

Was geschah tatsächlich?

Ein paar Tage nach der Fragestellung rief mich der Mann an: Die Belege waren beim Steuerberater unter einer Menge von Papier versteckt gewesen!

Im Nachhinein ist man immer klüger, und so offenbart sich auch hier die Erklärung: Saturn repräsentiert den Steuerberater, weil der Deszendent Steinbock ist und Saturn der Herrscher dieses Zeichens. Dieser Signifikator steht an der Hausspitze drei, dem Platz für Dokumente. Dies deutet daraufhin, dass der Steuerberater etwas damit zu tun hat. Zudem ist Saturn rückläufig, der Steuerberater hält also die Belege »zurück«.

Lösung zum Übungshoroskop 9:
Wo ist die Mappe mit den Klausuren?

Schritt 5: Die Signifikatoren

- Der Signifikator für mich ist die Sonne, weil der Aszendent im Löwen beginnt.
- Hauptsignifikator für die gesuchte Mappe ist die Venus, denn die Hausspitze drei beginnt in der Waage.
- Verwandtschaftsplanet für die Mappe ist der Merkur.
- Natürlicher Signifikator für das Gesuchte ist der Mond.

Schritt 6: Checkliste

(a) ↑ Die Venus steht nahe am MC, also in einem Eckhaus.

(b) ↑ Wegen seiner Rückläufigkeit wird der Verwandtschaftsplanet Merkur zur Sonne eine Konjunktion machen.

(c) ↑ Wie schon gesehen, ist der Merkur rückläufig. Damit ist alles glasklar: Ich konnte tief durchatmen, die Mappe würde sich auf jeden Fall wiederfinden. Aus Übungsgründen gehen wir noch den Rest der Checkliste durch:

(d) ↓ Weder der Mond noch die Venus werden eine Konjunktion zu Merkur (Herrscher des zweiten Hauses) machen beziehungsweise von ihm bekommen – so sieht es zumindest beim ersten Blick aus. Doch halt: Die Gegenantiszie des Mondes fällt auf knapp 7 Grad in den Fischen. Also müsste der rückläufige Merkur die Gegenantiszie des Mondes erreichen. Schauen wir in die Ephemeriden: Merkur wird auf 20 Grad und 53 Minuten wieder direktläufig, also wird es nichts mit der Konjunktion von Merkur und der Gegenantiszie des Mondes.

(e) ↓ Es gibt keinen Aspekt zwischen Mond und Sonne.
(f) ↓ Die applikative Konjunktion vom Mond zur Venus zählt nicht, weil sie erst nach Zeichenwechsel stattfindet.
(g) ↑ Beide Hauptlichter Mond und Sonne stehen über dem Horizont.
(h) ↓ Der Mond steht im Widder, also ist der Dispositor Mars. Mit dem Mars gibt es jedoch keinen Aspekt.
(i) ↓ Das Trigon des Mondes zum Aszendenten ist schon zu weit weg. Auch von Merkur und Venus gibt es keine Aspekte zum Aszendenten bzw. zur Hausspitze zwei.

Die Verbrennung des Merkurs durch die Sonne gilt deshalb nicht als Hindernis, weil die Sonne Signifikator für mich als Fragesteller ist.

Ein Hinweis für Versierte der Stundenastrologie:

Wenn wir den Mars aus dem vierten Haus als Hauptsignifikator für das Gesuchte genommen hätten (Sie wissen aus der Übersicht für die Häuserzuordnung, dass das vierte Haus auch für die verborgenen Schätze steht), dann wären wir auch zum Ziel gekommen: der Mars ist nämlich rückläufig und steht prominent in einem Eckhaus.

Wo würde ich nun diese Mappe wiederfinden?

Schritt 7: Selbst suchen oder gefunden werden?

Die Signifikatoren für das Gesuchte, Mond, Merkur und Venus sind schneller als mein Signifikator. Ich werde also nichts tun können, sondern nur in Ruhe abwarten. Die enge Konjunktion von Merkur und Sonne weist daraufhin, dass ich selbst (Sonne) die Mappe versteckt habe und sie deshalb für mich überhaupt nicht sichtbar sein wird.

Schritt 8: Die Örtlichkeiten für das Gesuchte

Mond in einem Feuerzeichen, Venus in einem Erdzeichen und Merkur in einem Wasserzeichen, da lässt sich nichts Eindeutiges sagen.

Schritt 9: Die Himmelsrichtungen für das Gesuchte

Da hätten wir den Süden (Venus am MC) beziehungsweise Südwest wegen Merkur im achten Haus. Die Venus am MC sagte mir, dass es mit dem Arbeitsplatz (10. Haus ist der Job) zu tun hat.

Schritt 10: Eingeschlossene Zeichen und wechselseitige Rezeptionen

Die Sonne steht im Domizil des Jupiter, und der Jupiter in der Erhöhung der Sonne: Die Mappe mit den Klausuren ist vertauscht worden.

Nach meiner Einschätzung konnte ich einfach nichts tun, doch die Mappe würde sich wie auch immer wiederfinden. Nur hoffte ich darauf, dass das bald geschehen möge, damit diese Unannehmlichkeiten nicht öffentlich werden würden. Mit der Venus am MC durfte ich zu Recht hoffen, dass es nicht lange dauern würde.

Was geschah tatsächlich?

Am selben Tag gegen Abend bekam ich einen Anruf von einem Kollegen. Er hatte aus Versehen meine Mappe mit den Klausuren eingesteckt!

Im Nachhinein ist man immer klüger, doch kann das auch helfen, bei anderen Suchfragen gezielter vorgehen zu können:

Ich hatte irgendwie selbst dazu beigetragen, denn der Verwandtschaftsplanet Merkur für die Klausuren wurde von mir, der Sonne, »zugedeckt«. Ich muss also in dem entsprechenden Raum die Klausuren so dumm und zugedeckt liegen gelassen haben, dass der Kollege gar nicht gemerkt hat, dass er etwas Falsches mit einsteckt.

Der Kollege ist Saturn aus dem siebten Haus. Nach einem halben Grad hat die Mappe Venus die Konjunktion zum Kollegen Saturn erreicht, die Mappe ist also bei dem Kollegen nach einem halben Tag angekommen. So einfach ist das – doch vorher draufkommen tut man selten!

Lösung zum Übungshoroskop 10: Wo ist meine wertvolle Uhr?

Schritt 5: Die Signifikatoren

- Die Fragestellerin ist der Mond, weil der Aszendent im Krebs steht. Damit wissen wir schon, dass der Mond als natürlicher Signifikator für die gesuchte Uhr nicht zur Verfügung steht.
- Der gesuchte Gegenstand ist für meine Frau wertvoll, daher begeben wir uns in das Haus zwei. Das beginnt aber auch im Krebs und der Mond ist ja schon als Signifikator für meine Frau vergeben.

  Zum Glück haben wir noch den Verwandtschaftsplaneten Venus für wertvolle Gegenstände, Schmuck usw., die in diesem Beispiel Hauptsignifikator und einziger Signifikator für das Gesuchte ist.

Schritt 6: Checkliste

(a) ↓ Die Venus steht in keinem Eckhaus.

(b) ↑ Der Mond wird die Venus im Quadrat applizieren.
(c) ↑ Die Venus ist rückläufig.
(d) ↑ Siehe b)
(e) ↑ Der Mond bewegt sich im Quadrat auf die Sonne zu.
(f) Entfällt, da der Mond hier kein natürlicher Signifikator für die gesuchte Uhr ist.
(g) ↑ Beide Hauptlichter stehen über dem Horizont.
(h) Siehe f)
(i) ↓ Die Venus macht weder zum Aszendenten noch zur Spitze des zweiten Hauses einen Aspekt.

Die Verbrennung der Venus durch die Sonne ist wegen der separativen Konjunktion aufgehoben.

Ergebnis:

Bei der Fülle von positiven Indizien war es klar, dass die Uhr wieder gefunden wird. Ich sagte zu meiner Frau: »Mach dir keine Sorgen, die Uhr taucht schnell wieder auf«. Ich hatte den Eindruck, dass sie momentan nicht sichtbar ist (das Hauptlicht, die Sonne, verdeckt die Venus). Der Mond steht nahe am MC, und dieses habe ich als Zeichen für die Nähe des gesuchten Gegenstands zur Fragestellerin gedeutet.

Dass es schnell gehen würde, hat auch mit dem Uranus am MC zu tun. Er sorgt für eine Überraschung und auch dafür, dass sich die Angelegenheit schnell erledigt.

Schritt 7: Selbst suchen oder gefunden werden?

Meine Frau kann selbst suchen, denn der Mond als ihr Signifikator ist der schnellste. Doch steht dem die enge Konjunktion des Hauptsignifikators Venus mit der Sonne entgegen: Die Uhr ist zu gut verborgen.

Schritt 8: Die Örtlichkeiten für das Gesuchte

Venus im Luftzeichen Zwillinge erzählt, dass der Gegenstand eher weiter oben zu finden ist.

Schritt 9: Die Himmelsrichtungen für das Gesuchte

Venus im Haus 12 deutet auf eine östliche Richtung hin.

Schritt 10: Eingeschlossene Zeichen und wechselseitige Rezeptionen

Wir haben keine in den Häusern eingeschlossenen Tierkreiszeichen, die für die Deutung von Wichtigkeit sind. Auch liegen keine bedeutsamen Rezeptionen vor.

Was dann **tatsächlich** geschah, ist alles andere als verwunderlich gewesen: Gut eineinhalb Stunden nach der Fragestellung fand sich die Uhr in meinem Arbeitszimmer neben meinem Laptop.
Der Mond macht vor seinem Quadrat zur Venus das Trigon zu Saturn. Saturn kommt aus dem siebten Haus, das bin also ich als der Partner meiner Frau.

Hinweise für Versierte der Stundenastrologie:

Der Mond überträgt das Licht von Saturn (meine Person) zur Venus (der gesuchten Uhr). Im Klartext: Ich bin der Überbringer der Uhr!

Lösung zum Übungshoroskop 11: Wo habe ich den PC-Ausdruck für das Auto hingelegt?

Schritt 5: Die Signifikatoren

- Der Signifikator für den Fragesteller ist die Venus (Aszendent Waage).

- Der Computerausdruck befindet sich in Haus drei. Dort herrscht Jupiter (Hausspitze im Schützen). Hauptsignifikator für das gesuchte Dokument ist also Jupiter.
- Merkur ist Verwandtschaftsplanet für Schriftstücke.
- Zu guter Letzt steht der Mond noch als natürlicher Signifikator für das Gesuchte.

Schritt 6: Checkliste

(a) ↑ Mond, Jupiter und Merkur sind in einem Eckhaus.

(b) ↑ Das Trigon von Mond zur Venus ist zwar separativ, doch wenn wir den Jupiter an der Achse 0 Grad Krebs-Steinbock spiegeln (Antiszie!), dann fällt die Antiszie auf etwa 28,5 Grad in den Löwen. Somit wird die Venus die Antiszie des Jupiters erreichen.

Achtung: Unbedingt in die Ephemeriden schauen, ob die Venus nicht vorher rückläufig wird. Sie ist nämlich schon sehr weit von der Sonne entfernt, wird jedoch erst auf 5 Grad Jungfrau, also im neuen Tierkreiszeichen rückläufig.

(c) ↓ Keiner der Signifikatoren ist im Moment rückläufig.

(d) ↑ Das zweite Haus beginnt im Skorpion, damit ist Mars der Herrscher des Eigentums. Mars wird gleich eine Opposition zu Jupiter machen.

(e) ↓ Der Aspekt des Mondes zur Sonne ist separativ, und es wäre ja auch ein Quadrat gewesen.

(f) ↓ Die Konjunktion von Mond und Jupiter findet erst im neuen Tierkreiszeichen statt, zählt also nicht.

(g) ↑ Beide Hauptlichter stehen über dem Horizont.

(h) ↓ Der Dispositor des Mondes ist Mars und die Opposition zu Mars findet erst im neuen Zeichen statt.

(i) ↑ Der Mond macht eine Opposition zum Aszendenten, denn er steht nah am Deszendenten.

Meine **Einschätzung** war, dass der gesuchte PC-Ausdruck auf jeden Fall wieder gefunden wird.

▶ *Applikative Aspekte zählen bekanntlich nur in dem Tierkreiszeichen, in denen die beteiligten Signifikatoren stehen. Nach meiner Erfahrung kann man dann eine Ausnahme von dieser Regel machen, wenn eine erhoffte Aspektierung gleich nach Zeichenwechsel im neuen Zeichen stattfindet und dies das einzige positive Anzeichen für das Wiederfinden wäre. Dies bedeutet, dass das Gesuchte erst dann gefunden wird, wenn etwas Neues (Zeichenwechsel!) geschieht. Im vorliegenden Beispiel haben wir zwei solcher applikativen Aspekte, nämlich Mond Konjunktion Jupiter und Mond Opposition Mars jeweils erst im neuen Zeichen. Hier sprechen jedoch genügend andere Gründe für das Wiederfinden des Dokuments.*

Schritt 7: Selbst suchen oder gefunden werden?

Die Venus läuft schneller als der Hauptsignifikator Jupiter. Es ist also hilfreich, wenn der Mann sich selbst auf die Suche macht.

Schritt 8: Die Örtlichkeiten für das Gesuchte

Die Signifikatoren stehen in Feuerzeichen (Mond und Merkur) beziehungsweise in Erdzeichen (Jupiter). Damit ist das gesuchte Dokument auf keinen Fall in große Höhen entschwunden.

Schritt 9: Die Himmelsrichtungen für das Gesuchte

Das Dokument wird sich sehr nahe beim Fragesteller befinden, denn alle drei Signifikatoren für das Gesuchte stehen nahe an einer Hauptachse.

Schritt 10: Eingeschlossene Zeichen und wechselseitige Rezeptionen

Das Tierkreiszeichen Steinbock ist im dritten Haus, dem Haus für Dokumente, eingeschlossen: Der PC-Ausdruck wird also an einer Stelle sein, wo er nicht hingehört.

Schritt 11: Langsamläufer

Neptun macht eine enge Konjunktion zum IC, was bedeuten kann, dass das Gesuchte vielleicht gar nicht verloren ist oder als »geheimer Schatz« (Haus vier) wieder auftaucht.

Tatsächlich fand der Freund ein paar Stunden später das Dokument in einer seiner Jackentaschen wieder.

Dies bestätigt, dass das Dokument eigentlich gar nicht verloren ist (der prominente Neptun am IC), dass es sich ganz nah beim Fragesteller befindet (alle Signifikatoren an Hauptachsen) und an einer Stelle, wo es nicht hingehört (Steinbock im dritten Haus eingeschlossen).

Lösung zum Übungshoroskop 12: Habe ich die Quittung noch und wenn ja, wo?

Schritt 5: Die Signifikatoren

- Die Fragestellerin ist Saturn (Aszendent Wassermann).
- Die gesuchte Quittung gehört zum dritten Haus. Dort herrscht die Venus (Hausspitze drei im Stier), deshalb ist die Venus der Hauptsignifikator für das Gesuchte.
- Dann haben wir noch den Mond als natürlichen Signifikator und den Merkur als Verwandtschaftsplaneten für Dokumente.

Schritt 6: Checkliste

(a) ↑ Die Venus steht ebenso wie der Mond in einem Eckhaus. Hier stehen auch der Hauptsignifikator für das Gesuchte, Venus, und der Signifikator für die Fragestellerin, Saturn, im selben Zeichen.

(b) ↑ Beim ersten Hinschauen haben Mond beziehungsweise Venus keinen Aspekt zu Saturn. Jedoch fällt die Antiszie des Saturns auf gut 24 Grad in den Widder und damit erreicht der Mond diese Antiszie.

(c) ↑ Merkur ist rückläufig. Damit ist natürlich die Angelegenheit klar: Die Quittung wird auf jeden Fall wiedergefunden. Lediglich aus Übungszwecken hier die weiteren Checkpunkte:

(d) ↑ Das zweite Haus wird von Mars beherrscht (Hausspitze zwei im Widder). Der Mond appliziert den Mars im Quadrat. Wegen der Rückläufigkeit des Merkurs sieht es auch nach einem applikativen Quadrat zwischen Merkur und Mars aus. Doch wenn wir in die Ephemeriden schauen, entdecken wir, dass Mars selbst auf etwa 12 1/2 Grad im Krebs rückläufig wird und Merkur auf gut 23 Grad seine Laufrichtung umkehrt. Es wird also nichts mit diesem Aspekt.

(e) ↓ Es gibt keinen Aspekt zwischen Mond und Sonne.

(f) ↑ Der Mond wird eine Opposition zu Merkur machen und auch die Antiszie der Venus erreichen, die auf gut 15 Grad in den Widder fällt.

(g) ↑ Ein Hauptlicht, nämlich die Sonne, steht über dem Horizont

(h) ↑ Der Dispositor des Mondes ist der Mars (Der Mond steht im Widder). Aus d) wissen wir, dass es zwischen beiden Planeten ein Quadrat geben wird.

(i) ↓ Keiner der Signifikatoren für die gesuchte Quittung macht einen engen Aspekt zum Aszendenten oder zur zweiten Hausspitze.

Die Verbrennung des Merkurs, durch die Sonne zählt deshalb nicht, weil beide Planeten in unterschiedlichen Tierkreiszeichen stehen.

Endergebnis:

Bei dieser Fülle von positiven Indikatoren wird die Quittung auf jeden Fall wiedergefunden werden.

Schritt 7: Selbst suchen oder gefunden werden?

Saturn ist als Signifikator für die Fragestellerin der langsamste Planet. Also kann sie sich gar nicht selbst auf die Suche machen. Zudem steht der Merkur nahe bei der Sonne. Das Dokument ist also so gut versteckt, dass es nur schwerlich durch gezieltes Suchen gefunden werden kann.

Schritt 8: Die Örtlichkeiten für das Gesuchte

Hier haben wir sehr widersprüchliche Informationen: Venus in einem Erdzeichen (am Boden), Mond in einem Feuerzeichen (Mittellage) und Merkur in einem Luftzeichen (höhere Lage). Damit lässt sich nichts Vernünftiges anfangen.

Schritt 9: Die Himmelsrichtungen für das Gesuchte

Von der Venus her suchen wir in Richtung Westen (siebtes Haus), vom Mond her in Richtung Osten (erstes Haus). Da Venus der Hauptsignifikator für die gesuchte Quittung ist, empfahl ich, dasjenige der beiden Häuser zu nehmen, das in westlicher Richtung liegt.

Schritt 10: Eingeschlossene Zeichen und wechselseitige Rezeptionen

Die Venus ist im siebten Haus in der Jungfrau eingeschlossen. Wie auch nicht anders zu erwarten wird die gesuchte Quittung dort sein, wo sie nicht hingehört. Das bestätigt auch die wechselseitige Rezeption von Venus und Merkur (Venus in der Jungfrau, dem Domizil des Merkur und Merkur in der Waage, dem Domizil der Venus). Wie oben schon erwähnt, stehen der Signifikator für die Fragestellerin (Saturn) und der Hauptsignifikator für das Gesuchte (Venus) im selben Tierkreiszeichen. Dies bedeutet, dass die Quittung nahe bei der Fragestellerin ist, also in einem ihrer beiden Anwesen.

Schritt 11: Langsamläufer

Der Neptun am Aszendenten machte mich stutzig: War es keine ernstzunehmende Frage oder was war sonst merkwürdig mit der Fragestellerin?

Was geschah tatsächlich?

Die Beratung war chaotisch: Ich besprach mit der Frau die Orte, an welchen die Suche Sinn machen würde. Doch sie konnte mir in keiner Weise angeben, welches Ordnungssystem sie für ihre Dokumente besitzt. Es stellte sich heraus, dass die Dame mit einer Vielzahl von Tieren unter einem Dach lebte, was sie offensichtlich ganz in Beschlag und ihr die Übersicht für andere Dinge nahm.

Zwei Tage nach Fragestellung bekam ich das erste Feedback: Der Gerichtstermin war ausgesetzt worden. Ich verstand das nicht, und das erschien mir alles sehr eigenartig. Die Frau hatte plötzlich doch noch Zeit, nach der Quittung zu suchen.

Ich wollte natürlich wissen, wie die ganze Geschichte ausging und rief die Dame etwa einen Monat nach der Fragestellung wiederum an. Sie hatte mittlerweile die Quittung gefunden, doch sie behauptete, diese wäre nicht in dem Haus gewesen, das ich ihr genannt hätte – dasjenige in westlicher Richtung. Wir kamen auch wegen der ausstehenden Honorarbegleichung in eine Auseinandersetzung. Als die Dame dann noch eine zusätzliche Beratung wünschte, brach ich den Kontakt mit ihr ab und verbuchte das ausstehende Honorar als Verlust, um nicht weiter meine Energie daran zu binden.

So kann – aber muss sich nicht – ein Neptun am Aszendenten auswirken. Zum Glück gibt es solche Beratungen ganz selten.

Meine Empfehlung ist, bei Neptun am Aszendenten mit einem unbekannten Kunden besonders aufmerksam in die Beratung hineinzugehen.

Lösung zum Übungshoroskop 13: Wo ist die technische Anleitung für die Telefonanlage?

Schritt 5: Die Signifikatoren

- Der Signifikator für meine Frau ist der Merkur, weil der Aszendent in der Jungfrau steht. Damit ist der Verwandtschaftsplanet für Dokumente, der Merkur, als Signifikator schon vergeben.
- Die gesuchte Telefonanleitung finden wir im dritten Haus. Dort herrscht der Mars wegen Hausspitze drei im Skorpion.
- Weiterhin ist der Mond natürlicher Signifikator für das Gesuchte.

Schritt 6: Checkliste

(a) ↓ Weder Mars noch Mond stehen in einem Eckhaus.
(b) ↓ Es sieht erst einmal so aus, als würde der Merkur den Mars im Quadrat applizieren. Doch Merkur (siehe Ephemeriden!) erreicht den Mars nicht mehr,

weil der Mars vorher in das Zeichen Stier wechselt. Das Quadrat von Mond zu Merkur ist separativ.

(c) ↓ Der Mars ist nicht rückläufig.
(d) ↑ Die Hausspitze zwei beginnt in der Waage, deshalb beherrscht die Venus das zweite Haus. Merkur appliziert gleich die Venus im Sextil.
(e) ↓ Das Sextil des Mondes zur Sonne ist separativ.
(f) ↑ Der Mond wird gleich in Konjunktion mit dem Mars gehen.
(g) ↑ Zumindest der Mond steht über dem Horizont.
(h) ↑ Der Dispositor des Mondes ist der Mars: siehe f)
(i) ↓ Weder Mond noch Mars haben einen engen Aspekt zum Aszendenten oder zur zweiten Hausspitze.

Ergebnis:

Obwohl keine der drei ersten Kriterien positiv ausfallen, ist es nicht aussichtslos, denn die Kriterien d) sowie f) bis h) sind immerhin erfüllt.

Doch lassen der **Schritt 11 (Langsamläufer)** und der **Schritt 12 (Mondknotenachse)** die Einschätzung ins Negative umkippen:

Pluto steht prominent am IC und der absteigende, also der schlechte Mondknoten an der Spitze des für Dokumente zuständigen dritten Hauses.

Das gab für mich den Ausschlag, die Gebrauchsanleitung für die Telefonanlage als verloren aufzugeben und mich so schnell wie möglich beim Hersteller um eine neue Anleitung zu bemühen.

Tatsächlich fanden wir die Anleitung nicht mehr, sondern wir orderten eine neue beim Hersteller und richteten, wenn auch mit einigen Tagen Verzögerung, die Telefonanlage wieder mit Erfolg ein.

Lösung zum Übungshoroskop 14:
Wo ist seine Brieftasche?

Schritt 5: Die Signifikatoren

- Der Sucher ist Saturn, weil der Deszendent (der Bekannte) im Steinbock steht.
- Als gesuchte Brieftasche können wir das abgeleitete zweite (Brieftasche als Besitz) oder das abgeleitete dritte Haus (Brieftasche als Behältnis) von Haus sieben nehmen. Daraus ergeben sich die Häuser acht und neun. Beide Hausspitzen beginnen im Wassermann, und Saturn ist schon vergeben. Jedoch haben wir den Merkur, der sinnigerweise im Haus acht, dem Besitzhaus des Bekannten steht. Damit ist dieser Planet Hauptsignifikator für die gesuchte Brieftasche.
- Die Venus ist Verwandtschaftsplanet für die Brieftasche, wenn wir sie als Besitz betrachten.
- Der Mond, der normalerweise als natürlicher Signifikator für das Gesuchte gilt, ist hier durch den Aszendenten im Krebs schon vergeben.

Schritt 6: Checkliste

(a) ↓ ↑ Merkur und Venus stehen in keinem Eckhaus. Jedoch greift hier die Ausnahme: Einer der Signifikatoren für das Gesuchte, die Venus, und der Signifikator für die suchende Person, der Saturn, stehen im selben Tierkreiszeichen Steinbock.

(b) ↓ Merkur beziehungsweise Venus auf der einen und Saturn auf der anderen Seite machen keinen der klassischen fünf Aspekte miteinander.

(c) ↑ Merkur ist rückläufig.

(d) ↓ Das zweite Haus des Besitzers der Brieftasche ist das abgeleitete Haus acht, und das wird bekanntlich von Saturn beherrscht. Aus b) wissen wir schon, dass Merkur und Saturn sich nicht aspektieren.
(e) ↓ Mond und Sonne werden vor Zeichenwechsel keinen klassischen Aspekt miteinander bilden.
(f) Entfällt, weil der Mond als Signifikator für das Gesuchte nicht zur Verfügung steht.
(g) ↑ Auch wenn die Sonne gerade untergeht, zumindest der Mond steht über dem Horizont.
(h) Entfällt (siehe f)
(i) ↓ Der Merkur ist zwar rückläufig und läuft auf die Hausspitze des Besitzhauses acht für den Bekannten zu, doch ist der Abstand noch zu groß.

Als **Ergebnis** können wir insbesondere wegen a) und c) festhalten: Der Bekannte wird seine Brieftasche wiederfinden. Was den Mond anbelangt, ist auch eine andere Variante denkbar: Als Fragesteller spiele ich keine Rolle. Deshalb könnte man den Mond auch weiterhin als natürlichen Signifikator gelten lassen. In diesem Fall wären die Punkte f) und h) ebenfalls positiv zu entscheiden.

Schritt 7: Selbst suchen oder gefunden werden?

Da der Signifikator für den Bekannten der langsamste Planet Saturn ist, kann er selbst zur Suche nichts beitragen.

Schritt 8: Die Örtlichkeiten für das Gesuchte

Merkur steht im Luftzeichen Wassermann und die Venus in einem Erdzeichen. Das sind widersprüchliche Botschaften, und somit ist keine klare Aussage über die Lokalität möglich.

Schritt 9: Die Himmelsrichtungen für das Gesuchte

Da weder Merkur noch Venus in Eckhäusern stehen, wird

sich die Brieftasche nicht im Haus des Mannes wiederfinden. Merkur im Haus acht gibt eine südwestliche Himmelsrichtung für die gesuchte Brieftasche an, weiter weg von der Wohnung, ebenso wie Venus im sechsten Haus mit westlichem Einschlag.

Schritt 10: Eingeschlossene Zeichen und wechselseitige Rezeptionen

Das Zeichen Waage und damit auch das Zeichen Widder sind im Haus vier beziehungsweise im Haus 10 eingeschlossen. Das abgeleitete Haus 10 steht auch für die verborgenen Schätze des Suchers (viertes Haus vom Haus sieben). Das ist ein Hinweis darauf, dass die gesuchte Brieftasche irgendwo eingeklemmt sein könnte.

Schritt 11: Langsamläufer

Der Abstand der Venus vom Uranus ist zu groß, um noch eine Rolle spielen zu können.

Schritt 12: Mondknotenachse

Fehlanzeige.

Endergebnis der Analyse:

Ich ging davon aus, dass die Brieftasche an einem Ort, der weiter weg ist, wieder gefunden wird. Ich konnte mir jedoch keinen Reim machen, wo dieser Ort sein wird, und das »wo« war ja eigentlich meine Frage. Also nahm ich dieses Horoskop als Übungshoroskop für mich, um zu lernen.

Was geschah tatsächlich?

Gut eine Woche nach meiner Frage bekam der Bekannte Bescheid von einem Kinobesitzer. In dessen Kino war die

Brieftasche in einem Kinositz eingeklemmt gewesen, dort gefunden und abgegeben worden.

Schauen wir uns die Angelegenheit im Nachhinein an: Das Kino als Vergnügen ist grundsätzlich im fünften Haus zu finden. Wenn wir wieder die Häuser ableiten beziehungsweise drehen, ist das fünfte Haus vom siebten Haus das Haus 11. An dieser Hausspitze steht Mars, wie ein Türwächter: »Du warst im Kino und nun ist deine Brieftasche dort eingeschlossen!«

Den Ort konnte und kann ich mir nur im Nachhinein zusammenreimen. Selbst wäre ich nicht daraufkommen, dass die Brieftasche im Kinosaal verloren gegangen ist und auch dort wiedergefunden wird.

Lösung zu Übungshoroskop 15: Finde ich den exklusiven Kugelschreiber wieder?

Schritt 5: Die Signifikatoren

- Der Signifikator für den Fragesteller ist Merkur, weil der Aszendent Jungfrau ist.
- Der Kugelschreiber ist für den Fragesteller ein wertvoller Gegenstand und deshalb im Haus zwei zu finden. Dies betont auch der Mond als Mitsignifikator in diesem Haus. Die Hausspitze zwei steht noch in der Jungfrau. Der Merkur ist schon vergeben und kommt als Signifikator für den Gegenstand nicht mehr infrage.
- Doch zum Glück haben wir ja den Mond als natürlichen Signifikator für den Kugelschreiber.

Schritt 6: Checkliste

(a) ↓ Der Mond steht in keinem Eckhaus.

(b) ↑ Der Sucher Merkur wird vom Signifikator des Gesuchten, dem Mond, im Trigon appliziert.
(c) ↓ Der Merkur ist vor drei Tagen wieder direktläufig geworden.
(d) ↑ Da Merkur der Herrscher des zweiten Hauses ist, haben wir die Situation wie in b).
(e) ↓ Zwischen Mond und Sonne gibt es keinen Aspekt.
(f) Entfällt, da der Mond der einzige Signifikator für das Gesuchte ist.
(g) ↓ Die Sonne geht gerade unter, und der Mond befindet sich noch in der Nachthälfte des Horoskops.
(h) ↑ Der Mond steht in der Waage, also ist ein Dispositor die Venus. Der Mond appliziert die Venus im Trigon.
(i) ↓ Weder zum Aszendenten noch zum zweiten Haus (Besitz) hat der Mond eine enge Aspektverbindung.

Ergebnis:

Der Kugelschreiber wird auf jeden Fall wiedergefunden werden.

Aufgefallen ist Ihnen vermutlich der Planet Saturn am Aszendenten, der auch noch dieses kleine »r« für seine Rückläufigkeit trägt. Obwohl Saturn kein Signifikator ist, also weder für den Fragesteller noch für das Gesuchte steht, spielt er durch seine prominente Position am Aszendenten eine wichtige Rolle. Saturn ist rückläufig, also das Gesuchte kommt zurück!

▶ *Ein Planet an einer Hauptachse will Aufmerksamkeit erregen. Er sagt: »Auch wenn ich kein Signifikator sein sollte, überseht mich nicht. Ich stehe an der Türschwelle und will Euch meinen Teil zur Antwort erzählen.«*

Obwohl die Frage nach dem Wo gar nicht gestellt war, habe ich mich trotzdem auf die Suche gemacht.

Schritt 7: Selbst suchen oder gefunden werden?

Merkur ist langsamer als der Mond, also kann der Fragesteller nichts zur Suche beitragen.

Schritt 8: Die Örtlichkeiten für das Gesuchte

Der Mond steht in Luftzeichen Waage. Daher wird der Kugelschreiber zumindest nicht am Boden liegen.

Schritt 9: Die Himmelsrichtungen für das Gesuchte

Der Mond steht im zweiten Haus, also ist die Richtung Nordosten. Wegen dem prominenten Saturn am Aszendenten ging ich allerdings davon aus, dass sich der Kugelschreiber nahe beim Fragesteller aufhält.

Schritt 10: Eingeschlossene Zeichen und wechselseitige Rezeptionen

Das Tierkreiszeichen Schütze ist im vierten Haus, dem Haus für die verborgenen Schätze, eingeschlossen. Zudem stehen Merkur und Saturn in wechselseitiger Rezeption: Merkur im Domizil des Saturns (Wassermann) und Saturn im Domizil und der Erhöhung von Merkur (Jungfrau). Diese beiden Tatsachen sind ein deutlicher Fingerzeig darauf, dass der Kugelschreiber mit irgendetwas vertauscht worden ist und auf jeden Fall an einem Platz gelandet ist, wo er nicht hingehört.

Schritt 11: Langsamläufer

Fehlanzeige.

Schritt 12: Mondknotenachse

Fehlanzeige.

Was geschah?

Ich hatte dem Freund bis dahin noch keine Mitteilung zu

meinem Ergebnis machen können, bis ich fünf Tage später auf meinem Anrufbeantworter die erfreuliche Botschaft vernahm, dass er den Kugelschreiber in der Waschmaschine wiedergefunden hatte! Das Schreibutensil hatte in einem seiner Hemden gesteckt, das mittlerweile samt Kugelschreiber durch einen Waschgang gelaufen war. Die wechselseitigen Rezeptionen und das eingeschlossene Tierkreiszeichen sind in ihrer Auswirkung gut zu sehen. Zum Glück hatte sich die Tinte nicht selbstständig macht, ein Zeichen für die gute Qualität des Kugelschreibers.

Nachtrag:

Wenn Sie den Kugelschreiber als Schreibgerät in das dritte Haus genommen hätten und damit die Venus als Signifikator für den Kugelschreiber haben (Hausspitze drei in der Waage), dann kommen Sie zum selben Ergebnis, denn:

Auch der Mond appliziert die Venus im Trigon. Zusätzlich erhält man daraus die Information, dass der Kugelschreiber vermutlich in einem Arbeitsgerät steckt – die Waschmaschine ist ja ein solches. Die Venus steht nämlich an der Hausspitze des sechsten Hauses. Zudem ist Saturn der Dispositor der Venus (Venus im Wassermann). Damit hat man noch nachvollziehbarer die Aussage, dass sich der Kugelschreiber nahe beim Fragesteller befindet (Saturn am Aszendenten).

Interessant ist bei dieser Variante auch, dass die Venus schneller ist als der Merkur und es von daher noch die Konjunktion zwischen dem Signifikator für den Fragesteller und dem Signifikator für das Gesuchte geben wird. Das liegt daran, dass wegen der drei Tage zurückliegenden Richtungsumkehr der Merkur erst wieder in Fahrt kommen muss.

▶ *Es gibt manchmal nicht nur eine Variante für die Lösung. Wenn jede einzelne Variante konsequent durchgeführt wird, führen die verschiedenen Wege zum selben Ziel.*

Lösung zum Übungshoroskop 16: Wo ist mein Schmuck?

Schritt 5: Die Signifikatoren

- Die Fragestellerin ist die Sonne, weil wir einen Aszendenten im Löwen haben.
- Das gesuchte Schmuckstück ist Merkur, weil die Hausspitze zwei in der Jungfrau beginnt.
- Als Verwandtschaftsplanet gilt die Venus. Sinnigerweise kommt diese auch aus dem vierten Haus (IC in der Waage), wo die geheimnisvollen Schätze lagern. Die Dame hatte das Schmuckstück bewusst aus Schutz vor Einbrechern versteckt.
- Als natürlicher Signifikator für den gesuchten Gegenstand fungiert wie immer der Mond.

Schritt 6: Checkliste

(a) ↑ Der Mond steht im Eckhaus 10.
(b) ↑ Mond und Sonne kommen in eine Opposition zueinander (in einem Tag ist Vollmond). Das Sextil der Venus zur Sonne geht wegen des vorzeitigen Zeichenwechsels der Sonne verloren. Das können Sie durch einen Blick in die Ephemeriden herausfinden.
(c) ↑ Merkur ist soeben rückläufig geworden.

(d) ↓ Weder Mond noch Venus machen einen Aspekt zu Merkur, dem Herrscher des zweiten Hauses. Wegen der Rückläufigkeit des Merkurs appliziert dieser nicht die Gegenantiszie der Venus auf knapp 21 Grad im Schützen.

(e) ↓ Aus b) wissen wir, dass die Hauptlichter weder ein Sextil noch ein Trigon miteinander bilden werden.

(f) ↑ Mond und Venus applizieren sich gleich im Trigon.

(g) ↑ Zumindest der Mond steht über dem Horizont.

(h) ↑ Der Dispositor des Mondes ist die Venus, weil der Mond im Stier steht: siehe f).

(i) ↓ Keiner der drei Signifikatoren für das Gesuchte, weder Mond noch Merkur noch Venus, applizieren eng den Aszendenten oder die zweite Hausspitze.

Ergebnis:

Die Frau wird auf jeden Fall ihr wertvolles Schmuckstück wiederfinden.

Schritt 7: Selbst suchen oder gefunden werden?

Da die Fragerin als Signifikator Sonne langsamer ist als die Signifikatoren für das Gesuchte, Mond, Merkur und Venus, kann sie selbst nichts zur Suche beitragen.

Schritt 8: Die Örtlichkeiten für das Gesuchte

Mit Mond und Venus in einem Erdzeichen und Merkur in einem Feuerzeichen wird das gesuchte Schmuckstück nicht in höher liegenden Regalen oder Etagen der Wohnung zu finden sein.

Schritt 9: Die Himmelsrichtungen für das Gesuchte

Die möglichen Himmelsrichtungen sind widersprüchlich: Venus und Merkur würden in Richtung Nordwest weisen, während der Mond die Himmelsrichtung Süden favorisiert. Wir können lediglich sagen, dass er Schmuck sich nicht weit weg von der Fragerin befindet (Mond in einem Eckhaus).

Schritt 10: Eingeschlossene Zeichen und wechselseitige Rezeptionen

Bei der Festlegung der Signifikatoren haben wir auch, geführt durch den Verwandtschaftsplaneten Venus, das vierte Haus für das Schmuckstück genommen. Dort ist das Zeichen Skorpion eingeschlossen: Der Wertgegenstand wird nicht leicht zu finden sein, weil er irgendwo eingeschlossen ist.

Schritt 11: Langsamläufer

Neptun steht exakt am Deszendenten. Ich konnte mir damals überhaupt keinen Reim auf diesen prominenten Stand des Langsamläufers in dem Horoskop machen. Insofern war ich sehr gespannt, wo das Schmuckstück wieder auftauchen würde.

Schritt 12: Mondknotenachse

Fehlanzeige.

Was geschah tatsächlich?

Der Schmuck wurde von der Frau zufällig wiedergefunden. Und dieser Zufall hatte es in sich: An besagtem »Fundtag« war die Dame mit Tätigkeiten beschäftigt, die mit »Wasser« zu tun hatten und notwendig wie auch zugleich unangenehm für sie waren, wie sie mir berichtete. Unter großem Zeitdruck bat sie den »lieben Gott«, er könne jetzt auch etwas Angenehmes zu ihr schicken und sie nicht nur solche zeitraubenden und unangenehmen Tätigkeiten machen lassen. In diesem Moment durchfuhr sie es blitzartig, und sie wusste wieder, wohin sie den

Schmuck verlegt hatte – eine wunderbare Entsprechung des Neptuns am Deszendenten, welcher den großen Geist (Neptun) – das ihr gegenüberliegende Haus 7 – um Hilfe ruft. Leider verriet sie mir nicht ihr Versteck.

Lösung zum Übungshoroskop 17: Wo ist meine Scheckkarte?

Schritt 5: Die Signifikatoren

- Die Fragestellerin ist Jupiter wegen dem Aszendenten im Schützen.
- Bei der Suche nach dem Hauptsignifikator für die gesuchte Scheckkarte haben wir zwei Möglichkeiten: Entweder nehmen wir den Herrscher des dritten Hauses (Scheckkarte als Dokument) oder den Herrscher des zweiten Hauses (eine Scheckkarte ist fast soviel wie bares Geld). Das Horoskop führt eindeutig zum zweiten Haus, denn an der Spitze des zweiten Hauses steht der Mond in Konjunktion mit Neptun: Verlust von Besitz.
Somit ist Saturn (Hausspitze zwei Wassermann) der Hauptsignifikator für die gesuchte Scheckkarte und der Mond üblicher Mitsignifikator.

▶ *Auch wenn ich mich wiederhole: Wenn es von den Regeln her Zweifel gibt an der Zuordnung zu den Signifikatoren, dann lassen Sie sich vom Horoskop führen. Es führt Sie zuverlässig zu den richtigen Signifikatoren.*

Schritt 6: Checkliste

(a) ↑ Saturn steht im Eckhaus sieben.
(b) ↑ Jupiter wird in drei Bogenminuten zu Saturn ein Sextil vervollständigen.

(c) ↑ Saturn ist rückläufig. Damit ist schon alles glasklar: Die Scheckkarte wird auf jeden Fall wieder auftauchen. Wir machen natürlich aus Übungsgründen trotzdem weiter:

(d) ↓ Zwischen Mond und Saturn als Herrscher des zweiten Hauses (Hausspitze zwei im Wassermann) gibt es keinen Aspekt.

(e) ↓ Der Aspekt des Mondes zur Sonne ist separativ, und es wäre ja auch ein Quadrat gewesen.

(f) ↓ Siehe d)

(g) ↑ Zumindest die Sonne steht über dem Horizont.

(h) ↓ Der Mond steht im Wassermann, also ist sein Dispositor Saturn. Siehe d).

(i) ↑ Der Mond steht in Konjunktion zu Hausspitze zwei.

Das eindeutige Ergebnis wird noch einmal bestätigt: Die Scheckkarte wird wiedergefunden werden.

Schritt 7: Selbst suchen oder gefunden werden?

Weil Jupiter noch ein bisschen schneller als Saturn ist, kann die Fragestellerin auch aktiv etwas tun.

Schritt 8: Die Örtlichkeiten für das Gesuchte

Wir bekommen dann keine handhabbare Aussage, wenn wir beide Signifikatoren für die Scheckkarte berücksichtigen: Der Mond steht in einem Luftzeichen und der Saturn in einem Wasserzeichen. Doch Saturn ist der Hauptsignifikator, und das bedeutet, dass die Scheckkarte eher am Boden zu finden sein wird.

Schritt 9: Die Himmelsrichtungen für das Gesuchte

Saturn als Hauptsignifikator für die Scheckkarte steht im Eckhaus sieben, also wird die Scheckkarte nahe bei der Fragestellerin sein.

Schritt 10: Eingeschlossene Zeichen und wechselseitige Rezeptionen

Das Tierkreiszeichen Krebs ist im siebten Haus eingeschlossen und in diesem Zeichen steht auch der Hauptsignifikator für das Gesuchte. Also wird die Scheckkarte im wahrsten Sinne »eingeschlossen« sein und damit an einem Platz, wo sie nicht hingehört. Dies wird unterstrichen durch den eingeschlossenen Widder im Haus drei.

Um es an dieser Stelle einmal zu betonen: Letzteres ist natürlich eine Aussage, die man fast immer machen kann, sonst würde man ja einen Gegenstand nicht verlegt haben. Doch ist es hilfreich, diese Aussage gezielt in einem Suchhoroskop als Hinweis für die mögliche Suche beziehungsweise den Aufenthaltsort geben zu können.

Der Mond steht im Domizil des Saturn (Wassermann) und der Saturn im Domizil des Mondes (Krebs). Damit können wir vermuten, dass die Scheckkarte vertauscht worden ist.

Schritt 11: Langsamläufer

Mond und Neptun stehen an der Spitze des zweiten Hauses in Konjunktion. Dies ist in diesem Fall kein Hinweis für die Suche oder das Wiederfinden, sondern eine Wiederspiegelung der Frage: Die Scheckkarte (Mond) ist verschwunden (Neptun).

Schritt 12: Mondknotenachse

Fehlanzeige.

Endergebnis der Analyse:

Ich konnte die Fragestellerin mit der frohen Botschaft beglücken, dass sie die Scheckkarte schnell wiederfinden werde. Sie ist ganz nah und an einem Ort eingeschlossen, wo sie nicht hingehört und /oder in Richtung Boden oder dort, wo es feucht ist (Saturn in einem Wasserzeichen) hingerutscht.

Was geschah tatsächlich?

Die Fragestellerin teilte mir erfreut noch am selben Tag mit, dass sie am späteren Mittag die Scheckkarte wieder gefunden hätte. Sie fand die Scheckkarte in ihrem Rucksack in einer Plastiktüte, die nach unten durchgerutscht war.

Nachtrag:

Wenn Sie Merkur als Verwandtschaftsplanet für Dokumente genommen hätten, wären Sie auch zum Ziel gekommen, denn der Mond appliziert den Merkur im Quadrat (f) und, was noch wichtiger ist, Merkur den Jupiter im Sextil (c). Zusätzlich hätte man mit Merkur gesehen, dass die separative Verbrennung des Merkurs die aktive Suche verunmöglicht.

Lösung zum Übungshoroskop 18: Wo ist die Energieplatte?

Schritt 5: Die Signifikatoren

- Meine Frau ist Mars, weil der Aszendent im Skorpion steht.
- Die Spitze des zweiten Hauses beginnt im Schützen, also ist der Signifikator für die gesuchte Energieplatte der Jupiter.
- Als natürlichen Signifikator haben wir wie immer den Mond.

Schritt 6: Checkliste

(a) ↑ Der Mond steht im Eckhaus sieben. Verstärkend für die Möglichkeit des Wiederfindens wirkt die Tatsache, dass sich Mond und Mars im selben Tierkreiszeichen befinden.
(b) ↑ Wir haben keinen direkten Aspekt zwischen Mars und Jupiter, jedoch fällt die Antiszie des Jupiter auf knapp 21 Grad in die Zwillinge. Damit erreicht Mars diese Antiszie.
(c) ↓ Jupiter ist nicht rückläufig.
(d) ↑ Da die Antiszie des Jupiter auf etwa 21 Grad in den Zwillingen zu liegen kommt, wird auch der Mond in den Zwillingen diese Antiszie erreichen.
(e) ↑ Der Mond appliziert die Sonne im Sextil.
(f) ↑ Siehe d)
(g) ↑ Zumindest der Mond steht über dem Horizont.
(h) ↓ Der Mond steht in den Zwillingen, damit ist der Merkur sein Dispositor. Zu diesem gibt es keinen Aspekt.
(i) ↓ Mond und Jupiter haben weder zum Aszendenten noch der Hausspitze zwei eine enge Konjunktion.

Das Ergebnis ist eindeutig: Die Energieplatte wird wieder gefunden werden, da zwei der drei wichtigsten Indikatoren a) – c) neben anderen Punkten positive Anzeichen liefern.

Schritt 7: Selbst suchen oder gefunden werden?

Der Mars ist schneller als Jupiter, damit kann meine Frau aktiv zur Suche nichts beitragen.

Schritt 8: Die Örtlichkeiten für das Gesuchte

Jupiter als Hauptsignifikator steht in dem Wasserzeichen Krebs: Die Energieplatte wird am Boden beziehungsweise dort zu finden sein, wo es eher feucht ist. Der Mond gibt hier eine widersprüchliche Information, da er in einem Luftzeichen steht.

Schritt 9: Die Himmelsrichtungen für das Gesuchte

Da der Mond in einem Eckhaus steht, ist die Energieplatte nicht weit weg, also noch in der Wohnung. Das siebte Haus zeigt den Westen an (Mond steht in Haus sieben) und das achte Haus südwestliche Richtung (dort steht Jupiter). Also wird sich die Energieplatte im Westen beziehungsweise Südwesten der Wohnung »aufhalten«. Im Südwesten der Wohnung liegen das Badezimmer und das Schlafzimmer.

Schritt 10: Eingeschlossene Zeichen und wechselseitige Rezeptionen

Das Zeichen Krebs, in welchem der Jupiter steht, ist im achten Haus eingeschlossen (damit logischerweise auch der Steinbock im zweiten Haus). Die gesuchte Energieplatte ist sprichwörtlich »eingeschlossen« und an einem Ort, wo sie nicht hingehört. Das wird unterstrichen durch die wechselseitige Rezeption von Mond und Merkur: Mond steht im Domizil des Merkur und der Merkur in der Erhöhung des Mondes. Diese Rezeption zähle ich hier auch deshalb, weil Merkur der Dispositor des Mondes ist.

Schritt 11: Langsamläufer

Fehlanzeige.

Schritt 12: Mondknotenachse

Der aufsteigende, also der gute Mondknoten, steht mit sechs Grad zu weit vom Mond entfernt, um eine positive Aussage machen zu können. Das macht aber nichts, denn wir wissen ja schon, dass die Energieplatte auf jeden Fall gefunden wird.

Endergebnis der Analyse:

Die Energieplatte wird wieder gefunden, ist in der Wohnung in westlicher beziehungsweise südwestlicher Richtung irgendwo eingeschlossen, wo sie vermutlich nicht leicht zu finden ist. Ob auf niedriger Höhe oder am Boden, das muss offen bleiben.

Was geschah?

Nach kurzer Zeit kam meine Frau freudestrahlend aus dem Schlafzimmer zurück. »Mindestens dreimal habe ich schon unter dem Bett nachgeschaut. Die Platte liegt dort, in einem Leinensäckchen eingewickelt!« Die Farbe des Säckchens ähnelte sehr dem Bettgestell, auf dem es unter der Matratze lag, und deswegen war es auch schwer zu erkennen.

Lösung zum Übungshoroskop 19: Wo ist das Buch von Emil?

Schritt 5: Die Signifikatoren

- Mein Freund als Fragesteller ist der Mond, weil der Aszendent im Krebs steht. Damit ist der Mond schon vergeben und kann als Signifikator für das Gesuchte nicht mehr genutzt werden.
- Das gesuchte Buch ist Merkur, nicht nur deshalb, weil Merkur der Verwandtschaftsplanet für Bücher ist, sondern auch, weil die dritte Hausspitze in der Jungfrau beginnt.

Schritt 6: Checkliste

(a) ↓ ↑ Merkur steht in keinem Eckhaus. Jedoch stehen Mond und Merkur, wenn auch in verschiedenen Tierkreiszeichen, weniger als 30 Grad voneinander entfernt.
(b) ↓ Zwischen dem Mond und dem Merkur gibt es keine Aspekte.
(c) ↓ Merkur ist nicht rückläufig.
(d) ↓ Die Sonne herrscht über das zweite Haus (Spitze zwei im Löwen). Zwischen Merkur und Sonne wird es keinen Aspekt geben, denn die Sonne wird vorzeitig in das Zeichen Steinbock wechseln. Auch der Mond wird keinen Aspekt zur Sonne machen.
(e) ↓ Siehe d)
(f) Entfällt, weil der Mond Signifikator für den Fragesteller ist.
(g) ↓ Weder Mond noch Sonne stehen über dem Horizont.
(h) Entfällt, siehe f)
(i) ↓ Weder zum Aszendenten noch zur Hausspitze zwei hat Merkur einen Aspekt.

Das Ergebnis war für mich (fast) eindeutig:

Das Buch kann ich abschreiben, es wird nicht mehr gefunden werden. Doch war trotzdem Vorsicht geboten: Der wichtige Punkt a) wartete mit der Ausnahme von der Regel auf (die beiden Hauptsignifikatoren sind weniger als 30 Grad voneinander entfernt).

Und in diesem Zusammenhang machte mich der Neptun, auch wenn eigentlich mit zu großem Abstand vom Deszendenten, stutzig:

Im Haus sieben ist die Partnerin meines Freundes »beheimatet«. Hat sie etwa das Buch verräumt? Ein Langsamläufer an einer Hauptachse und insbesondere Neptun kann darauf hindeuten, dass das gesuchte Buch vielleicht gar nicht verloren ist. Obwohl hier wirklich alle Indikatoren auf »Rot« stehen, kann damit mit einem Schlag die negative Aussage aufgehoben sein. Davon ließ ich mich leiten und kam letztlich zu dem Endergebnis der Analyse, dass die Partnerin des Freundes etwas mit dem Buch zu tun haben könnte. Wegen Merkur und Mond im Haus fünf, dem Haus der Erotik, wies ich darauf hin, doch mal in ihrem Schlafzimmer zu suchen.

Tatsächlich wurde mein Kriminalroman im Schlafzimmer der Freunde wieder gefunden. Er war dort unter anderen Büchern der Partnerin versteckt. Das Buch war also eine Art »versteckter Schatz«, denn im betreffenden Haus vier war das Tierkreiszeichen Waage eingeschlossen.

Nachtrag:

Saturn aus dem siebten Haus (die Partnerin des Fragestellers) wird von Merkur (dem Buch) im Trigon aspektiert. Das Buch kommt also wieder ans Licht der Öffentlichkeit, und zwar zur Partnerin des Fragestellers.

Lösung zum Übungshoroskop 20: Wo ist mein Heilinstrument?

Schritt 5: Die Signifikatoren

- Die Fragestellerin ist Venus, da der Aszendent im Stier steht.
- Zum einen ist der Hauptsignifikator für den Heilstab der Merkur, weil das zweite Haus in den Zwillingen beginnt. Zum anderen ist hier der natürliche Signifikator

Mond wichtiger, weil Saturn an der »Eingangspforte« des vierten Hauses (der verborgene Schatz) steht und damit das vierte Haus im Krebs bedeutsam für den verlorenen Gegenstand ist.

Schritt 6: Checkliste

(a) ↑ Saturn steht prominent am IC und macht besonders auf sich aufmerksam. Merkur als Hauptsignifikator steht zwar nicht in einem Eckhaus, jedoch im selben Zeichen wie der Signifikator für den Fragesteller. Das ist ein Hinweis darauf, dass der gesuchte Heilstab nicht weit entfernt ist.

(b) ↑ Wenn wir in die Ephemeriden schauen, sehen wir, dass die Konjunktion von Merkur zur Venus verloren geht, weil letztere vorher in das Zeichen Steinbock entschwindet. Dafür schafft es der Mond noch kurz vor Zeichenwechsel, mit der Venus zusammenzukommen.

(c) ↑ Saturn ist rückläufig und fällt hier wegen seiner prominenten Stellung am IC auf. Hier können wir schon sagen: Alles klar, das Instrument taucht wieder auf.

(d) ↑ Der Mond wird auch den Merkur vor Zeichenwechsel erreichen.

(e) ↓ Es gibt keinen Aspekt zwischen Mond und Sonne.

(f) ↑ Siehe d)

(g) ↑ Beide Hauptlichter stehen über dem Horizont.

(h) ↓ Der Dispositor des Mondes ist Jupiter, weil der Mond im Schützen steht. Das Sextil zu Jupiter ist separativ.

(i) ↑ Der Mond hat sich gerade mehr als 2 Grad von der achten Hausspitze und damit von der Opposition zur Hausspitze zwei entfernt. Das zählt gerade noch als positiver Indikator, fällt aber wegen der Fülle der anderen guten Anzeichen für das Wiederfinden nicht ins Gewicht.

Das Ergebnis ist eindeutig:

Das Heilinstrument wird auf jeden Fall gefunden werden.

▶ *Steht ein klassischer Planet eng an einer Hausspitze, dann drängt er sich zum einen als Mitsignifikator auf, zum anderen betont er dieses Haus oder das Haus, über das er herrscht, als wichtig für die Zuordnung zum Gesuchten.*
Auch wenn Sie wie in diesem Beispiel Saturn nicht als Mitsignifikator für das Gesuchte genommen hätten, wären Sie mit den anderen Indikatoren ebenso zu einem positiven Ergebnis gekommen.

Schritt 7: Selbst suchen oder gefunden werden?

Die Venus ist langsamer als Merkur, deshalb wird die aktive Suche nicht viel bringen.

Schritt 8: Die Örtlichkeiten für das Gesuchte

Mond und Merkur stehen im Feuerzeichen Schütze, also wird der gesuchte Heilstab sich auf mittlerer Höhe befinden.

Schritt 9: Die Himmelsrichtungen für das Gesuchte

Obwohl Mond und Merkur nicht in einem Eckhaus sind, weist Saturn durch seine Position am IC darauf hin, dass der gesuchte Gegenstand nahe bei der Fragestellerin, also z.B. in ihrer Wohnung ist.

Schritt 10: Eingeschlossene Zeichen und wechselseitige Rezeptionen

Das Zeichen Waage ist im sechsten Haus eingeschlossen, doch ist dies hier bedeutungslos.

Schritt 11: Langsamläufer
Fehlanzeige.

Schritt 12: Mondknotenachse
Fehlanzeige.

Was geschah tatsächlich?
Erst etwa sieben Monate (!) nach der Fragestellung fand die Freundin das Heilinstrument in einer Tasche, die sie an die Tür ihres Arbeitszimmers aufgehängt hatte. In dieser Tasche hatte sie auch schon einmal vergeblich nach dem Gegenstand gesucht.

Saturn als der langsamste Planet und zudem noch klassischer »Übeltäter« am IC kann die Suche nach verlorenen Gegenständen langwierig gestalten!

Lösung zum Übungshoroskop 21:
Wo ist meine Tasche mit Geld und Scheckkarte?

Schritt 5: Die Signifikatoren

- Die Fragestellerin ist Mars, weil der Aszendent im Skorpion steht.
- Die gesuchte Tasche samt Inhalt ist Jupiter, weil die Hausspitze zwei im Schützen beginnt.
- Der Verwandtschaftsplanet für die Tasche ist Venus, denn es sind auch Wertsachen in der Tasche.
- Und natürlich ist wie immer der Mond natürlicher Signifikator für das Gesuchte.

Schritt 6: Checkliste

(a) ↓ Weder Jupiter noch Mond oder Venus stehen in einem Eckhaus.

(b) ↑ Die Antiszie des Mars fällt auf zehneinhalb Grad in die Zwillinge. Damit ist die Konjunktion von Jupiter oder von der Venus zur Antiszie des Mars separativ. Jedoch appliziert der Mond den Mars im Quadrat.
(c) ↓ Weder Jupiter noch Venus sind rückläufig.
(d) ↑ Der Mond nähert sich dem Jupiter als Herrscher des zweiten Hauses im Sextil an.
(e) ↓ Das Sextil des Mondes zur Sonne ist separativ.
(f) ↑ Siehe d). Zudem appliziert der Mond die Venus im Sextil.
(g) ↑ Zumindest die Sonne steht über dem Horizont.
(h) ↑ Der Mond steht im Widder, also ist sein Dispositor der Mars. Bekanntlich (siehe b) werden die beiden Planeten ein Quadrat bilden.
(i) ↓ Keiner der beteiligten Signifikatoren (Mond, Venus oder Jupiter) hat einen engen, klassischen Aspekt zum Aszendenten oder zur zweiten Hausspitze.

Das sieht bisher gut aus, jedoch verbrennt die Sonne applikativ den Hauptsignifikator Jupiter. Damit kippt die Einschätzung wieder, und die Tasche ist verloren. Ich ziehe den Schritt 11 (Langsamläufer) vor: Pluto steht am Aszendenten, und damit kann sich wieder alles umdrehen. Dies deutete ich so, dass die vielen positiven Indikatoren letztendlich den Ausschlag geben werden.

Somit kam ich zu der **Einschätzung,** dass die Tasche samt Inhalt wiedergefunden wird.

Schritt 7: Selbst suchen oder gefunden werden?

Mars ist ein wenig schneller als Jupiter, insofern kann die Frau mit Erfolg selbst suchen. Doch die Verbrennung des Jupiters durch die Sonne könnte diesen Erfolg be- oder verhindern.

Schritt 8: Die Örtlichkeiten für das Gesuchte

Jupiter und Venus stehen in einem Luftzeichen (Zwillinge), der Mond in einem Feuerzeichen (Widder). Das bedeutet, dass die Handtasche zumindest nicht am Boden liegt.

Schritt 9: Die Himmelsrichtungen für das Gesuchte

Die beteiligten Signifikatoren stehen nicht in Eckhäusern, deshalb wird die gesuchte Tasche weiter weg sein. Als Himmelsrichtung favorisierte ich Westen, weil die Signifikatoren in den Häusern fünf (Mond) und den Häusern acht (Venus und Jupiter) den Deszendenten »einschließen«.

Schritt 10: Eingeschlossene Zeichen und wechselseitige Rezeptionen

Wir haben wechselseitige Rezeptionen zwischen Mond und Mars (Mond im Domizil Widder für den Mars und Mars im Domizil Krebs für den Mond) und zwischen Venus und Merkur (Venus im Domizil des Merkur und Merkur im Domizil der Venus): Ist die Tasche vertauscht worden?

Schritt 11: Langsamläufer

Neben der schon erwähnten Rolle von Pluto erzählt dieser Planet am Aszendenten vom großen Druck der Fragestellerin.

Schritt 12: Mondknotenachse

Der aufsteigende, also der gute Mondknoten, ist ein bisschen zu weit weg vom IC. Doch mit einem Augenzwinkern verstehe ich es als ein weiteres Signal, dass die Tasche wiedergefunden wird.

Endergebnis der Analyse:

Die Tasche ist weiter weg, wird aber gefunden.

Was geschah tatsächlich?

Die Handtasche wurde von der Fragestellerin noch am selben Tag spätabends in einer Ablage in der Wohnung ihres Freundes in Augenhöhe wiedergefunden.

Im Nachhinein kann man dies natürlich wieder sehen: Die Venus kommt aus dem Haus sieben, symbolisiert also den Freund, und der Mond (die Tasche) appliziert die Venus im Haus acht (Besitz des Freundes). Auf diese Idee kam ich aber während der Analyse nicht.

Lösung zum Übungshoroskop 22: Wo finde ich die Lesebrille?

Schritt 5: Die Signifikatoren

- Der Freund ist der Mond (Aszendent Krebs). Damit ist der Mond als natürlicher Signifikator für die gesuchte Brille vergeben.
- Brillen sind dem dritten Haus zugeordnet, denn sie dienen zum Lesen und sind damit ein funktionelles Instrument. Das dritte Haus beginnt im Löwen, also ist die Sonne der Hauptsignifikator für die Brille – eine schöne Entsprechung für die Sonne.

Schritt 6: Checkliste

(a) ↑ Die Sonne steht prominent am MC.
(b) ↑ Der Mond appliziert die Sonne im Quadrat.
(c) ↓ Die Sonne kann nicht rückläufig werden.

(d) Das zweite Haus beginnt ebenfalls im Löwen. Damit entfällt dieser Punkt.
(e) ↓ Siehe b), der Aspekt ist ein Quadrat.
(f) Entfällt, weil der Mond kein Signifikator für das Gesuchte ist.
(g) ↑ Zumindest die Sonne steht über dem Horizont, sie hat ja eine prominente Stellung am MC.
(h) Entfällt, da der Mond Signifikator für den Fragesteller ist.
(i) ↓ Die Sonne macht keinen Aspekt zum Aszendenten beziehungsweise zu Hausspitze zwei.

Das Ergebnis ist eindeutig:

Die Brille wird auf jeden Fall wiedergefunden.

Schritt 7: Selbst suchen oder gefunden werden?

Er kann selbst suchen, da er als der Mond der schnellste ist.

Schritt 8: Die Örtlichkeiten für das Gesuchte

Die Brille liegt eher am Boden oder dort, wo es feucht ist, weil der Signifikator Sonne in den Fischen steht.

Schritt 9: Die Himmelsrichtungen für das Gesuchte

Die Brille ist ganz nah (Sonne am MC), in südlicher Richtung (Sonne am MC) und im Arbeitszimmer (Sonne Haus zehn).

Schritt 10: Eingeschlossene Zeichen und wechselseitige Rezeptionen

Das Zeichen Waage ist im vierten Haus, dem Haus für die verborgenen Schätze, eingeschlossen. Zudem haben Venus und Mars eine wechselseitige Rezeption, weil die Venus im Domizil des Mars und der Mars in der Erhöhung der Venus steht. Damit können wir sagen, dass die Lesebrille sich einen Platz »gesucht hat«, wo sie nicht hingehört.

Schritt 11: Langsamläufer

Obwohl die Konjunktion des Uranus mit dem MC und der Sonne einen Abstand von mehr als 2 Grad besitzt, habe ich mir trotz alledem gedacht: Bei diesem prominenten Langsamläufer wird es eine schöne und angenehme Überraschung geben.

Schritt 12: Mondknotenachse

Der »schlechte« Mondknoten hat eine enge Konjunktion mit der Hausspitze zwei, was die durchweg positive Einschätzung ein wenig dämpft. Doch bei einem Uranus in Konjunktion mit einer Hauptachse und mit dem Hauptsignifikator Sonne wird dieser Mondknoten die Angelegenheit nicht umdrehen können.

Was geschah?

Die Brille wurde etwa sieben Wochen später gefunden. Sie lag unter dem Bett (Signifikator Sonne im Wasserzeichen), in nördlicher Richtung (das stimmte nicht), jedoch war sie richtigerweise noch in der Wohnung, wenn auch nicht im Arbeitszimmer. Bei dieser hervorgehobenen Uranusposition muss man auf solche Überraschungen gefasst sein.

Lösung zum Übungshoroskop 23: Wo ist X?

Schritt 5: Die Signifikatoren

- Die fragestellende Frau ist der Mond, weil der Aszendent im Krebs steht. Damit ist der Mond als Signifikator für die Suchende/Fragende vergeben und steht nicht mehr für die gesuchte Frau zur Verfügung.
- Bei der Suche des Signifikator für die gesuchte Frau habe ich den entscheidenden Fehler gemacht: Ich hatte nämlich nicht klar genug bei der Fragestellerin nachgefragt, in welchem Verhältnis sie zur vermissten Frau steht. Aufgrund des Vorgesprächs ging ich davon aus, dass es eine Freundin sei und damit der Signifikator für die gesuchte Frau der Herrscher des 11. Hauses, also hier der Jupiter (Spitze des elften Hauses noch in den Fischen). Dem war jedoch nicht so, wie sich im Nachhinein herausstellte: Die beiden Frauen hatten eine – wenn auch gute – kollegiale Verbindung miteinander, waren jedoch nicht befreundet. Damit ist der Signifikator für die gesuchte Frau als Herrscher des siebten Hauses anzusehen, und das ist hier der Saturn (Deszendent im Steinbock).

Sie sehen, wie wichtig die Fragestellung mit den entsprechenden Hintergrundinformationen (siehe **Schritt 1**) ist!

Mars drängt sich durch seine prominente Position am Deszendenten als Mitsignifikator für die gesuchte Frau auf. Siehe dazu die Hinweise zu meiner Fehleinschätzung.

Die Tatsache, dass der Mond als Hauptsignifikator für die Fragestellerin im achten Haus steht, dem Haus des Todes in der Stundenastrologie, ist ein Hinweis auf den Ernst der Lage.

Die nun folgende Checkliste repräsentiert also nicht meine damalige, sondern die korrigierte Vorgehensweise aufgrund meines obigen Fehlers. Zum Abschluss dieser Analyse zeige ich Ihnen, wie ich mit der falschen Zuordnung der Signifikatoren zu meiner damaligen Einschätzung kam.

Schritt 6: Checkliste

(a) ↓ Saturn steht nicht in einem Eckhaus.
(b) ↓ Die Opposition des Mondes zu Saturn ist separativ.
(c) ↑ Der Saturn ist rückläufig.
(d) Dieser Punkt erübrigt sich hier, weil es sich nicht um eine Besitzfrage handelt.
(e) ↓ Es gibt keinen Aspekt zwischen den beiden Hauptlichtern.
(f) Entfällt, weil der Mond Signifikator für die fragende Frau ist.
(g) ↑ Beide Hauptlichter stehen über dem Horizont.
(h) Entfällt, da der Mond Signifikator der Fragenstellerin ist.
(i) ↓ Saturn hat keinen engen Aspekt zum Aszendenten, also zur Fragestellerin. Die Konjunktion zur zweiten Hausspitze entfällt (siehe d).

Das Ergebnis:

Die gesuchte Frau wird auf jeden Fall gefunden. Doch hier hat die Fragestellung noch einen anderen Charakter: Es geht darum, ob ihr etwas zugestoßen ist und ob sie möglicherweise tot ist.

Prüfen wir also an dieser Stelle, ob die **gesuchte Frau verletzt oder gar tot** sein könnte. Das geht zwar über die Analyse einer reinen Suchfrage hinaus, und ich hoffe auch nicht, dass Sie sich mit solchen Anfragen auseinandersetzen müssen. Doch will ich Ihnen die astrologischtechnischen Möglichkeiten vorstellen, die bei solch heiklen Umständen zur Verfügung stehen.

Der Signifikator der vermissten Frau steht im zweiten Haus. Welche Bedeutung hat dieses Haus aus der Sicht der gesuchten Person? Wenn wir uns wieder um die abgeleiteten Häuser kümmern, dann ist das zweite Haus das abgeleitete achte Haus des siebten Hauses, also dasjenige Haus, das in der traditionellen Astrologie auch für den Tod steht. Das sieht nicht gut für die Kollegin aus, denn es steht ja schon der Signifikator für die Fragestellerin im radikalen achten Haus, und nun haben wir auch noch das abgeleitete achte Haus »negativ« besetzt. Wir müssen also befürchten, dass die Frau tot ist. (Ein Hinweis für Fachleute der Stundenastrologie: Saturn steht im Exil, also ein weiterer Hinweis auf den möglichen Tod der Frau.)

Schritt 7: Selbst suchen oder gefunden werden?

Kann die fragestellende Frau etwas zur Suche beitragen? Im Prinzip ja, weil der Mond der schnellere Signifikator ist.

Schritt 8: Die Örtlichkeiten für das Gesuchte

Die Frau dürfte in einer feuchten Gegend oder am Boden gefunden werden (Saturn in einem Wasserzeichen). Ihr Auto wurde ja bereits am Rand eines Waldstücks gefunden. Möglicherweise liegt sie in diesem Wald am Boden (Wasserzeichen).

Schritt 9: Die Himmelsrichtungen für das Gesuchte

Die gesuchte Frau ist zumindest weiter weg (Saturn in einem Mittelhaus), in nordöstlicher Richtung: Saturn zwischen Osten (Aszendent) und Norden (IC).

Schritt 10: Eingeschlossene Zeichen und wechselseitige Rezeptionen

Der Widder im Haus 11 und damit die Waage in Haus fünf sind eingeschlossen. Der Herrscher des Widderzeichens, Mars, steht prominent am Deszendenten: In der klassischen Astrologie ist Mars einer der beiden Übeltäter neben Saturn. Die hervorgehobene Marsposition erhöht die Aufmerksamkeit darauf, dass etwas Wichtiges geschehen ist.

Mond und Saturn besitzen eine wechselseitige Rezeption (Mond im Domizil des Saturns und Saturn im Domizil des Mondes). Dies ist in diesem Fall ein Hinweis auf die Wertschätzung der beiden Frauen füreinander.

Schritt 11: Langsamläufer

Uranus hat sich schon zu weit vom MC entfernt.

Schritt 12: Mondknotenachse

Fehlanzeige.

Endergebnis der Analyse:

Es steht zu befürchten, dass die gesuchte Frau tot ist, möglicherweise in dem Waldstück, an dessen Rand schon ihr Auto gefunden wurde.

Was geschah?

Die Frau wurde am selben Tag, dem Rosenmontag, auf einer schwer zugänglichen Waldlichtung des Waldstücks, wo auch ihr Auto entdeckt wurde, tot aufgefunden. Sie hatte sich mit Tabletten umgebracht.

Nachtrag zu meiner Fehleinschätzung:

Mein Fehlurteil beruhte auf der falschen Zuordnung der Signifikatoren aufgrund meiner unvollständigen Nachfrage bezüglich der Hintergrundinformationen. In meinem Fall war der Jupiter Signifikator für die gesuchte Frau.

Wie kam ich dann auf die Einschätzung, dass die Frau wiedergefunden wird und zwar lebendig und heil?

Jupiter ist rückläufig. Der prominent stehende Mars am Deszendenten kann auch als Mitsignifikator für die Vermisste genommen werden, weil der Planet wegen dem eingeschlossenen Zeichen Widder auch das 11. Haus mitbeherrscht. In der Checkliste fallen damit zwei der ersten drei wichtigen Indikatoren positiv aus. Zugleich befinden sich die Fragestellerin Mond und die gesuchte Frau Mars noch im selben Zeichen Steinbock, werden sich also wiedersehen, und zwar im gesunden Zustand: Der Mitsignifikator Mars für die gesuchte Frau ist »sehr gut drauf«, denn im Steinbock steht Mars in der Erhöhung.

Lösung zum Übungshoroskop 24: Ist X. etwas passiert und kann ich ihr dann helfen?

Schritt 5: Die Signifikatoren

- Der Fragesteller ist Mars, weil der Aszendent im Skorpion steht.
- Der Mann ist mit der Frau freundschaftlich verbunden, deswegen nehmen wir das Haus 11 für die gesuchte Person. Dort herrscht Merkur (Häuserspitze 11 in der Jungfrau). Merkur ist von der Sonne verdeckt, was Sinn macht. Zugleich ist die Frau auch Geschäftskollegin des Fragestellers, also Venus aus dem Haus sieben. Auch dies macht Sinn, weil zum einen Jupiter durch seine prominente Position am Deszendenten diese Zuordnung bestärkt, und zum anderen die Venus im Haus 10 auf

sich aufmerksam macht. Die Venus ist der Dispositor des Jupiters und steht im Haus des Berufes. Wir könnten also zusätzlich zu Merkur auch noch die Venus als Signifikator für die Gesuchte nehmen. Ob nun Venus oder Merkur, in beiden Fällen kommen wir zum selben Ergebnis: Selbst ausprobieren! Ich führe hier die Analyse mit Merkur als Hauptsignifikator und Jupiter als Mitsignifikator durch.

- Der Mond ist natürlicher Signifikator für die gesuchte Frau.

Schritt 6: Checkliste

(a) ↑ Merkur und Mond stehen nicht in einem Eckhaus, jedoch Jupiter.

(b) ↓ Mond, Merkur und Jupiter machen keinen applikativen Aspekt zum Mars.

(c) ↑ Merkur ist nicht rückläufig, jedoch der prominente Jupiter am Deszendenten.

(d) Dieser Punkt entfällt, weil es sich nicht um Besitz von Gegenständen handelt.

(e) ↓ Es gibt keinen klassischen Aspekt zwischen dem Mond und der Sonne.

(f) ↑ Die Gegenantiszie des Merkurs fällt auf gut 9 Grad in der Waage. Damit erreicht der Mond diese Gegenantiszie.

(g) ↑ Beide Hauptlichter stehen über dem Horizont.

(h) ↑ Der Mond steht in der Waage, also ist sein Dispositor die Venus. Der Mond appliziert die Venus im Sextil.

(i) ↓↑ Weder der Mond noch der Merkur applizieren den Aszendenten in einem engen Aspekt. Wie oben in d) schon erwähnt, werden hier die Aspekte zur

Hausspitze zwei nicht beachtet. Jedoch steht Jupiter in enger Opposition zum Aszendenten.

Die Verbrennung Merkurs durch die Sonne ist separativ.

Das Ergebnis:

Zwei der wichtigen drei Punkte zeigen »Grün«, ebenso wie viele der folgenden Indikatoren. Verstärkend kommt hinzu, dass der Uranus am IC steht (siehe Schritt 11). Der Frau wird nichts passiert sein, denn abgesehen von der separativen Konjunktion zur Sonne ist Merkur durch seinen Stand in der Jungfrau (im Domizil und in der Erhöhung) unversehrt und wohlbehalten.

Schritt 7: Selbst suchen oder gefunden werden?

Der Mann selbst kann nichts tun, denn Mars ist langsamer als Merkur. Zudem ist der Merkur von der Sonne verdeckt.

Schritt 8: Die Örtlichkeiten für das Gesuchte

Wegen der Fragestellung entfällt dieser Punkt.

Schritt 9: Die Himmelsrichtungen für das Gesuchte

Die Frau ist (noch) nicht in seiner Nähe, ihre beiden Hauptsignifikatoren Mond und Merkur stehen nicht in Eckhäusern.

Schritt 10: Eingeschlossene Zeichen und wechselseitige Rezeptionen

Fehlanzeige.

Schritt 11: Langsamläufer

Uranus steht am IC, was auf eine Überraschung hinweist. Die recht enge Konjunktion des Fragestellers Mars zu Pluto bestätigt die Befürchtungen und Ängste des Mannes.

Schritt 12: Mondknotenachse

Der schlechte Mondknoten steht am IC. Das wird durch den Uranus wieder aufgehoben. Automatisch steht der gute Mondknoten am MC, was häufig bedeutet, dass das Ergebnis (Haus 10) gut sein wird.

Endergebnis der Analyse:

Meine Einschätzung war, dass der Frau nichts passiert ist und sie sich in Kürze wieder melden wird wegen des prominenten Jupiterstandes am Deszendenten und der Uranuskonjunktion mit dem IC.

Hinweise für Versierte der Stundenastrologie:

Spannend ist die Lichtübertragung durch den Mond vom Mars (dem Fragesteller) über die Gegenantiszie des Merkur (Signifikator als Freundin gesehen) zur Venus (Signifikator als Kollegin gesehen). Die beiden werden also wieder zusammenkommen

Was geschah tatsächlich?

Nach einigen Stunden (die genaue Zeit konnte ich nicht mehr in Erfahrung bringen) meldete sich die Kollegin/Freundin wieder. Sie war durch kleinere Unannehmlichkeiten aufgehalten worden und wohlauf. Das waren noch Zeiten, ohne Handy, und noch gar nicht so lange her!

Lösung zum Übungshoroskop 25: Wo ist meine Kette?

Die **Signifikatoren** sind Jupiter für die Fragestellerin und Saturn (Herrscher des zweiten Hauses) sowie der Mond (natürlicher Signifikator) und die Venus (Verwandtschaftsplanet für Schmuck) die Signifikatoren für das Gesuchte.

Zwei dieser drei Signifikatoren für die gesuchte Kette sind rückläufig, nämlich Venus und Saturn. Damit ist klar: Die Kette wird wieder gefunden.

Mehr habe ich damals auch nicht gesagt, weil die Aufregung bei der Bekannten sehr groß war und sie letztendlich nur wissen wollte, ob ihr Schmuckstück wieder auftaucht. Ihre Frage nach dem »Wo« war gar nicht der entscheidende Fokus.

Die Frau war auch mit meiner Auskunft »Deine Kette wird schnell wiedergefunden werden« sehr froh.

Noch ein paar **Einzelheiten** zu diesem Horoskop:

Wenn man die Analyse sorgfältig gemacht hätte, fallen nur positive Hinweise für das Wiederfinden auf:

(a) ↑ Venus und Saturn befinden sich in Eckhäusern.

(b) ↑ Der Mond appliziert im Quadrat den Signifikator der Frau, den Jupiter.

(c) ↑ Venus und Saturn sind rückläufig.

Wenn der Merkur als Verwandtschaftsplanet für die Diebe so prominent am Deszendenten steht, kann dies ein Hinweis darauf sein, dass die Kette geklaut worden ist. Das ist aber hier deshalb nicht der Fall, weil alle drei wichtigen Faktoren für ein Wiederfinden sprechen.

Tatsächlich wurde die Kette auch am selben Tag wieder gefunden. Das Beispiel ist so lange her, ich hatte mir damals nicht notiert, wo sie gefunden wurde.

Lösung zum Übungshoroskop 26:
Wo ist mein Kellerschlüssel?

Schritt 5: Die Signifikatoren

- Der Fragesteller ist Mars, weil der Aszendent im Widder steht.
- Der gesuchte Kellerschlüssel ist im dritten Haus. Dort herrscht Merkur (Hausspitze drei in den Zwillingen) und damit ist dieser Planet (auch Verwandtschaftsplanet für Schlüssel) der Signifikator für das Gesuchte.
- Wie immer ist der Mond natürlicher Signifikator, der auch sinnigerweise im dritten Haus steht.

Schritt 6: Checkliste

(a) ↓ Weder Merkur noch Mond stehen in einem Eckhaus.

(b) ↓ Die Gegenantiszie des Mars fällt auf knapp 28 Grad in die Waage und damit erreicht Merkur diese Gegenantiszie – so sieht es zumindest aus. Doch halt: Der Merkur ist schon relativ weit weg von der Sonne und wird wohl bald rückläufig werden, also in die Ephemeriden schauen! Und was sehen wir: Auf gut 13 Grad in der Waage wird Merkur rückläufig. Es wird also nichts mehr mit dem Aspekt zwischen diesem Planeten und der Gegenantiszie des Fragestellers Mars.

(c) ↓ Merkur ist noch nicht rückläufig, und nur der Zeitpunkt der Frage zählt.

An dieser Stelle ist die Richtung klar: Der Schlüssel hat schlechte Aussichten, wieder aufzutauchen. Wenn nun die folgenden Punkte d) und e) auch noch negativ bewertet werden müssen, ist die Sache fast schon gelaufen.

(d) ↓ Merkur beherrscht auch das zweite Haus, das Besitzhaus des Fragestellers. Zwischen Mond und Merkur gibt es keinen Aspekt.
(e) ↓ Weder ein Sextil noch ein Trigon wird der Mond zur Sonne machen, ohne vorher das Zeichen gewechselt zu haben.
(f) ↓ Siehe d)
(g) ↓ Beide Hauptlichter stehen unter dem Horizont.
(h) ↓ Der Mond steht in den Zwillingen, also ist sein Dispositor Merkur. Aus d) wissen wir, dass Mond und Merkur keinen Aspekt miteinander haben werden.
(i) ↑ Zum Aszendenten besitzt der Mond ein enges Sextil.

Das Ergebnis ist eindeutig:

Das letzte positive Anzeichen reicht nicht für eine positive Aussage: Der Kellerschlüssel wird nicht mehr gefunden werden.

Was geschah tatsächlich?

So ist es dann auch gewesen. Der Mann hat das Kellerschloss aufbrechen und ein neues Schloss einbauen müssen. Er hatte es, so seine Aussage, schon fast vermutet. Der Kellerschlüssel wurde nie mehr gefunden.

Lösung zum Übungshoroskop 27: Wo ist mein schwarzer Schal? Finde ich ihn wieder?

Schritt 5: Die Signifikatoren

- Wie immer, der Herrscher des Aszendenten bin ich als Signifikator, und weil der Aszendent in den Fischen steht, bin ich der Jupiter.
- Die Spitze des zweiten Hauses steht im Widder, und deshalb ist mein gesuchter Schal der Mars. An der Hausspitze zwei steht auch der Saturn und macht sich damit als Nebensignifikator für das Gesuchte bemerkbar: Der gesuchte Schal ist schwarz und Saturn symbolisiert schwarze Gegenstände.
- Die Venus ist Verwandtschaftsplanet für den Schal.
- Und wie immer ist der Mond natürlicher Signifikator für das Gesuchte.

Schritt 6: Checkliste

(a) ↑ Insbesondere der Mond, aber auch die Venus und der Mars stehen in einem Eckhaus.

(b) ↑ Der Mond appliziert den Jupiter in einer Opposition. Die Antiszie des Jupiters fällt auf gut 10 Grad in die Waage und damit erreicht auch der Mars diesen Spiegelpunkt.

(c) ↑ Saturn, obwohl kein Signifikator, macht an der Hausspitze zwei auf sich aufmerksam und ist rückläufig. Dies ist ein positives Anzeichen.

An dieser Stelle können wir aufhören: Den Schal werde ich auf jeden Fall wiederfinden. Wer noch aus Übungsgründen weitermachen will:

(d) ↑ Die Gegenantiszie des Mars fällt auf gut 23 Grad in der Jungfrau. Damit erreicht der Mond den Mars als Herrscher des zweiten Hauses.

(e) ↓ Der Mond appliziert die Sonne lediglich im Quadrat.

(f) ↑ Der Mond wird gerade noch vor Zeichenwechsel ein Quadrat zur Venus machen. Die applikative Konjunktion des Mondes zur Antiszie des Mars ist uns aus d) schon bekannt.

(g) ↑ Die Sonne steht prominent am MC: ein wörtlich genommener »Lichtblick«, der Licht in das Dunkel bringen wird. Der Mond allerdings ist soeben untergegangen.

(h) ↓ Der Mond steht in der Jungfrau, also ist sein Dispositor Merkur. Das Quadrat zu Merkur ist separativ.

(i) ↑ Durch seinen prominenten Stand am Deszendenten hat der Mond eine enge Opposition zum Aszendenten. Die Venus besitzt ein enges Trigon zu Hausspitze zwei.

Das Ergebnis ist eindeutig:

Ich fühlte mich sofort spürbar entlastet, weil ich wusste, dass ich den Schal wiederfinden werde.

Schritt 7: Selbst suchen oder gefunden werden?

Ich bin aber nicht sofort auf die Suche gegangen, ja ich habe überhaupt nicht gesucht, denn das Stundenhoroskop zeigte mir, dass ich durch eigenes Suchen keinen Erfolg haben werde: Mein Signifikator Jupiter ist langsamer als Mond und Mars. Auch ist die Venus noch in der Nähe der Sonne, und da wird die Suche sowieso schwer.

Da es einen Aspekt zwischen dem Mond und dem Jupiter gibt und der schnelle Mond diese Opposition machen wird, wird »mich der Schal finden«.

Schritt 8: Die Örtlichkeiten für das Gesuchte

Mit Mond in einem Erdzeichen, Mars in einem Luftzeichen und Venus in einem Feuerzeichen habe ich nur widersprüchliche Aussagen über die Örtlichkeit des gesuchten Schals. Lassen wir uns vom Stundenhoroskop führen: Der Mond steht prominenter als die anderen beiden Signifikatoren, und damit wird das Erdzeichen Jungfrau den wichtigen Hinweis geben. Ich ging davon aus, dass ich den Schal am Boden wiederfinden werde.

Schritt 9: Die Himmelsrichtungen für das Gesuchte

Mit dem Mond am Deszendenten ist der Schal noch in der Wohnung und ist nicht irgendwo draußen verloren gegangen.

Schritt 10: Eingeschlossene Zeichen und wechselseitige Rezeptionen

Die Zeichen Löwe bzw. Wassermann sind im Haus sechs bzw. zwölf eingeschlossen. Da jedoch diese beiden Häuser keine Rolle hinsichtlich der Signifikatoren spielen, messen wir dem auch keine Bedeutung zu.

Venus und Jupiter stehen in wechselseitiger Rezeption, denn die Venus steht im Domizil des Jupiters und Jupiter in der Erhöhung der Venus. Weil Jupiter mein Signifikator ist, haben wir einen Hinweis darauf, dass ich selbst eine Vertauschung des Schalls vorgenommen habe.

Schritt 11: Langsamläufer
Fehlanzeige.

Schritt 12: Mondknotenachse

Die Mondknotenachse steht zu weit weg von der Aszendent-Deszendent-Achse, als dass sie eine Bedeutung haben könnte.

Endergebnis der Analyse:

Ich vermutete den schwarzen Schal noch in meiner Wohnung, irgendwo tiefer gelegen oder am Boden.

Was geschah tatsächlich?

Nach ein paar Stunden fand ich meinen Lieblingsschal versteckt am Fuß des Kleiderständers liegend.

Lösung zum Übungshoroskop 28: Finde ich das Fahrrad wieder und wenn ja, wo und wann?

Sie erinnern sich vielleicht: Wenn ein Langsamläufer wie Neptun am Aszendenten steht, kann es eine Scheinfrage sein. Mein Freund erwähnte am Telefon, dass er schon ein ungutes Gefühl habe. Die andere Variante, dass bei Neptun an dieser Hauptachse der Gegenstand gar nicht verloren ist, kommt wegen der Äußerung des Freundes nicht infrage.

Mit anderen Worten: Wir können hier schon aufhören! Das Fahrrad ist verschwunden und wird nicht wieder auftauchen. Das wäre die Schnellanalyse.

Doch zur Sicherheit gehen wir die Checkliste durch::

Schritt 5: Die Signifikatoren

- Der Fragesteller wird durch Saturn wegen dem Wassermann-Aszendenten repräsentiert.
- Das gesuchte Fahrrad ist Mars als Herrscher des zweiten Hauses (Besitz).
- Wie immer ist der Mond natürlicher Signifikator für das Gesuchte.

Die **Checkliste** sollte uns nun ein negatives Ergebnis liefern:

(a) ↓ Weder Mond noch Mars stehen in einem Eckhaus.
(b) ↓ Das Sextil von Mars zu Saturn ist separativ. Der Mond macht keinen Aspekt zu Saturn.
(c) ↓ Der Mars ist nicht rückläufig.
(d) ↓ Die Opposition des Mondes zum Mars ist separativ.
(e) ↓ Auch das Quadrat des Mondes zur Sonne ist separativ, es würde als Quadrat sowieso nicht zählen.
(f) ↓ Siehe d)
(g) ↑ Beide Hauptlichter stehen über dem Horizont, das erste positive Anzeichen.
(h) ↓ Der Mond steht im Steinbock, also ist sein Dispositor Saturn. Aus b) wissen wir, dass es zwischen diesen beiden Planeten keinen Aspekt geben wird.
(i) ↓ Weder zum Aszendenten noch zur Hausspitze zwei machen Mond beziehungsweise Mars einen Aspekt.

Zusammenfassend kann man sagen, dass der Freund mit seiner Befürchtung, dass das Fahrrad für immer weg ist, recht hat. Der einzige positive Indikator g) reicht nicht, um ihm Hoffnungen zu machen.

Tatsächlich tauchte das Fahrrad nicht mehr auf, und der Freund musste sich einen neuen Drahtesel zulegen.

Lösung zum Übungshoroskop 29:
Ist der Hund tot oder finde ich ihn?

Schritt 5: Die Signifikatoren

- Die Fragestellerin ist der Mars, weil der Aszendent Skorpion ist.

- Den Signifikator für den Hund finden wir im sechsten Haus (kleinere Haustiere). Dort herrscht jedoch auch der Mars (Spitze des sechsten Hauses im Widder). Daher entschied ich mich, den Mond als Hauptsignifikator für den gesuchten Hund zu nehmen. Das passte mir auch deshalb ganz gut, weil der Hund in einer, wenn auch separativen, Konjunktion mit Pluto stand. Das war jedoch falsch! Warum? Ich selbst habe mich nicht von dem Stundenhoroskop führen lassen:

Der Mars als Signifikator für die Fragestellerin steht im eigenen Tierkreiszeichen Widder (Domizil), was als ein sehr guter Zustand für die Fragestellerin zu werten ist: Mars steht in seinem Domizil. Das würde bedeuten, dass es der Fragestellerin sehr gut geht. Das kann aber nicht sein, sonst hätte sie ja gar nicht angerufen!

Deshalb haben wir hier einen Sonderfall: Der Mond steht hier nicht für den gesuchten Hund, sondern für die Fragestellerin. Mit der Mond-Pluto-Konjunktion im Haus zwei mit Mond im Exil Steinbock wird angezeigt, dass es der Dame wegen ihrem geliebten Tier schlecht geht. Damit ist der Signifikator für den Hund der Mars, und wir wissen auch schon, dass es dem Tier gut geht und es nicht tot ist.

Schritt 6: Checkliste

(a) ↓ Mars steht in einem Mittelhaus.
(b) ↑ Mond und Mars werden miteinander ein Quadrat bilden.
(c) ↓ Mars ist nicht rückläufig.
(d) ↑ Das zweite Haus beginnt im Schützen, also ist Jupiter der Herrscher des zweiten Hauses (Jupiter ist rückläufig mit enger Konjunktion zu Hausspitze zwei – der Besitz kommt also wieder zurück!). We-

gen der Rückläufigkeit des Jupiters wird der Mars gleich ein Trigon zu Jupiter machen.

(e) ↓ Die Opposition des Mondes zur Sonne ist schon längst vorbei.

(f) Entfällt, da hier der Mond nicht als natürlicher Signifikator für das Gesuchte steht.

(g) ↑ Zumindest die Sonne steht über dem Horizont.

(h) Entfällt, siehe f)

(i) ↑ Mars bildet ein enges Trigon zur Spitze des zweiten Hauses.

Das Ergebnis ist klar:

Der Hund wird wieder auftauchen und wird auch nicht tot sein.

Mit meinem Hauptsignifikator Mond in Konjunktion mit Pluto für den Hund kam ich zu der falschen Einschätzung, dass das Tier tot ist.

Ich kümmerte mich gar nicht um die Frage nach dem »Wo, denn die Frau wollte verständlicherweise eine kurzfristige Antwort, die ich ihr als Ergebnis meiner wenn auch »zu schnellen« Schnellanalyse mitteilte.

Was geschah tatsächlich?

Vier Stunden nach der Fragestellung bekam die Frau von einer Nachbarin den Anruf, dass ihr Hund lebend gefunden worden sei.

Für Versierte der Stundenastrologie:

Die Opposition des Mondes zum Merkur (Verwandtschaftsplanet für Nachrichten) hat noch gut 4 Grad vor sich. Da Merkur im kardinalen Tierkreiszeichen Krebs steht, haben wir eine schnelle Zeitmessung und damit ist die Botschaft (Merkur!) nach vier Stunden auch gut nachvollziehbar.

Lösung zum Übungshoroskop 30:
Kommt die Post noch an?

Schritt 5: Die Signifikatoren

- Die Fragestellerin ist die Sonne, weil der Aszendent im Löwen steht.
- Das dritte Haus steht für den Brief, und dort herrscht die Venus (Spitze des dritten Hauses in der Waage).
- Als Verwandtschaftsplaneten für Briefe haben wir den Merkur und dann noch
- als natürlichen Signifikator für den erwarteten Brief den Mond.

Schritt 6: Checkliste

(a) ↓ ↑ Keiner der beteiligten Signifikatoren Mond, Merkur oder Venus hält sich in einem Eckhaus auf. Merkur steht schon zu nah an der Hausspitze acht und zählt damit nicht mehr zum Haus sieben. Jedoch könnte hier die Ausnahme gelten, weil Venus und Merkur als Signifikatoren für das Gesuchte und die Sonne im selben Zeichen Fische stehen. Die Verbrennung der Venus durch die Sonne spielt keine negative Rolle, weil die Sonne Signifikator für die Fragestellerin ist.

(b) ↓ Es sieht so aus, als würde die Venus den Hauptsignifikator der Fragestellerin, die Sonne, vor Verlassen des Tierkreiszeichen Fische noch erreichen. Was sagen die Ephemeriden? Die Konjunktion zwischen den beiden Planeten findet erst im neuen Tierkreiszeichen statt. Auch der Merkur erreicht die Sonne nicht mehr im aktuellen Zeichen. Das Quadrat des Mondes zur Sonne ist separativ.

(c) ↓ Weder Merkur noch Venus sind rückläufig.
(d) ↓ Das zweite Haus beginnt in der Jungfrau, also ist Merkur dessen Herrscher. Weder zur Venus noch zum Mond gibt es einen Aspekt.
(e) ↓ Das Quadrat des Mondes zur Sonne ist separativ.
(f) ↓ Der Aspekt zwischen dem Mond und den anderen beiden Signifikatoren für den gesuchten Brief, Merkur und Venus, ist separativ.
(g) ↑ Beide Hauptlichter stehen über dem Horizont.
(h) ↓ Der Mond steht in den Zwillingen, also ist sein Dispositor der Merkur. Wegen f) müssen wir diesen Punkt negativ beurteilen.
(i) ↑ Der Merkur bildet eine enge Konjunktion zur Hausspitze acht und damit eine Opposition zur Hausspitze zwei.

Obwohl ich vor längerer Zeit – das Horoskop datiert aus dem Jahre 1989 – noch nicht so strukturiert gearbeitet habe wie heute, kam ich zum **Ergebnis:**

Die Post kommt nicht mehr an und der Brief ist verloren. Ich hatte damals dem Stand von Venus und Sonne im selben Tierkreiszeichen nicht den großen Stellenwert beigemessen, wie ich es heute tue. Lediglich zwei der übrigen Hinweise waren positiv zu bewerten und das war mir damals zu wenig.

Was geschah tatsächlich?

Nach 10 Tagen, also zwei Wochen nach der Fragestellung, kam der Brief doch noch an!

Lösung zum Übungshoroskop 31: Wo hat X. den Ehering verloren?

Schritt 5: Die Signifikatoren

- Die Fragestellerin → Aszendent Krebs → Mond. Damit steht der Mond als natürlicher Signifikator für das gesuchte Schmuckstück nicht mehr zur Verfügung. Zugleich beherrscht der Mond (Haus zwei im Krebs) auch das zweite Haus. Man könnte auch sagen, dass die Frau den Ring auch als ihren Besitz ansieht: Sie ist ja diejenige, die beunruhigt ist. Doch ging ich hier anders vor:
- Der Ring des Ehemannes → zweites Haus (Besitz) vom siebten Haus (Ehemann) im Steinbock (Haus acht) → Saturn. Da das siebte Haus auch im Steinbock beginnt, ist der Ehemann auch Saturn. Die Doppelbelegung durch diesen Planeten können wir nicht auflösen, weil der Saturn im Krebs steht und der Mond als Dispositor des Saturns auch schon als Signifikator für die Fragerin vergeben ist. Was nun?
- Der Verwandtschaftsplanet für Schmuck, die Venus, steht uns ja noch zur Verfügung.

In der Checkliste haben wir nun zu bedenken, dass wir zwei Sucher haben: Die Frau mit Mond als Signifikator und den Mann mit Saturn als Signifikator. Wir haben nur einen Signifikator für das Gesuchte, die Venus.

Schritt 6: Checkliste

(a) ↓ Die Venus steht in einem Mittelhaus.
(b) ↓ Weder Mond noch Saturn machen einen applikativen Aspekt zur Venus beziehungsweise bekommen von ihr einen solchen Aspekt.
(c) ↓ Die Venus ist nicht rückläufig.

(d) ↓ Wir wissen schon, dass der Herrscher des zweiten Hauses der Fragestellerin der Mond und der Herrscher des achten Hauses, also des Besitzes des Ehemannes, der Saturn ist. Aus b) ist bekannt, dass wir diesen Punkt negativ abhaken müssen.
(e) ↓ Zwischen Mond und Sonne gibt es keinen Aspekt.
(f) Entfällt, weil der Mond Signifikator für die Fragestellerin ist.
(g) ↓ Beide Hauptlichter stehen unter dem Horizont.
(h) Entfällt, siehe f)
(i) ↓ Die Venus macht keinen Aspekt zur Hauptachse Aszendent/Deszendent beziehungsweise zur Achse Haus zwei/Haus acht.

Das Ergebnis ist klar:

Der Ring ist weg und wird nicht mehr gefunden, weil kein einziger Indikator grünes Licht anzeigt.

Mein Fehler damals war:

Ich nahm als Signifikator für den gesuchten Ring den Saturn. Wenn ich aber den Ehemann als Sucher berücksichtige, dann ist Saturn schon vergeben und kann eben nicht als Hauptsignifikator für den Ehering gelten.

Mit meinen damaligen Überlegungen stand natürlich Saturn in einem Eckhaus, und damit war einer der ersten drei wichtigen Punkte erfüllt.

Ich verstärkte meinen Fehler, indem ich den Uranus am MC, wenn auch mehr als zwei Grad von dieser Hausspitze entfernt, als Bestätigung für diese positive Aussage nahm.

Mars als klassischer Übeltäter am MC hätte mich auch warnen sollen.

Tatsächlich wurde der Ehering nicht mehr gefunden. Zum Glück konnte sich der Mann aus dem breiten Ehering der Frau einen guten Ersatz anfertigen lassen.

Lösung zum Übungshoroskop 32: Wo ist meine ec-Scheckkarte?

Schritt 5: Die Signifikatoren

- Der Mond ist der Signifikator für den Fragesteller und deshalb ist dieser Planet als Mitsignifikator für das Gesuchte schon vergeben.
- In welchem Haus finden wir nun die Scheckkarte, Haus zwei oder Haus drei?
  Die Scheckkarte ist so viel wie bares Geld, deshalb kann der Herrscher des zweiten Hauses die Scheckkarte symbolisieren. Die Hausspitze zwei beginnt aber noch im Krebs, und von daher führt uns das Horoskop zum Haus drei, das von der Sonne (Hausspitze drei Löwen) beherrscht wird.
- Verwandtschaftsplanet für Scheckkarten ist der Merkur, der auch aus dem vierten Haus kommt, dem Haus für die verborgenen Schätze.

Schritt 6: Checkliste

(a) ↓ Weder die Sonne noch der Merkur stehen in einem Eckhaus. Der Mond, prominent am Deszendenten, ist hier kein Signifikator für das Gesuchte.

(b) ↑ Gerade noch vor seinem Zeichenwechsel macht der Mond ein Trigon zur Sonne.

(c) ↑ Merkur ist noch zwei Tage rückläufig.

(d) ↑ Das zweite Haus beginnt bekanntlich noch im Krebs, und der Herrscher Mond macht wegen b) einen Aspekt zur gesuchten Scheckkarte Sonne.
(e) ↑ Siehe b)
(f) Entfällt, weil der Mond Signifikator für den Fragesteller ist.
(g) ↑ Der Mond ist gerade untergegangen, jedoch die Sonne steht über dem Horizont.
(h) Entfällt, siehe f)
(i) ↑ Die Sonne hat ein enges Sextil zur Hausspitze zwei.

Damit war die Sache für mich klar:

Die Scheckkarte wird wieder gefunden und ich machte mich natürlich auf die Suche nach dem »Wo«.

Doch **tatsächlich** wurde die Scheckkarte nie mehr gefunden!

Was hatte ich übersehen?

Im Gespräch mit Kolleginnen und Kollegen wurde mir deutlich, dass ich nichts übersehen hatte, sondern einfach nicht konsequent auf dem eigenen einfachen Weg vorangeschritten war, denn:

1. Klar war, dass der Mond als Signifikator für die gesuchte Scheckkarte nicht zur Verfügung steht: Auch wenn es nur eine knappe halbe Bogenminute ist, der Herrscher des zweiten Hauses steht noch im Krebs.
2. Allerdings konnte ich dann nicht so mir nichts, dir nichts den Herrscher des dritten Hauses, nämlich die Sonne, als Signifikator für die gesuchte Scheckkarte nehmen. Das war keine Führung, sondern eine »Verführung« durch das Horoskop. Auch haben Scheckkarten nicht den Merkur als Verwandtschaftsplaneten. Sie sind Träger von Bargeld und damit ist der Signifikator für die gesuchte Scheckkarte der Herr-

scher des zweiten Hauses. Wegen dem Mond als Herrscher des zweiten Hauses bleibt mir nur noch
3. Der Verwandtschaftsplanet für Bargeld, und das ist die Venus.
4. Die Venus steht weder in einem Eckhaus, noch ist sie rückläufig oder wird einen Aspekt vom Fragesteller Mond bekommen. Weil auch fast alle anderen Indikatoren nichts Positives anzeigen, ist damit
5. klar, dass die Scheckkarte nicht mehr auftauchen wird.

Lösung zum Übungshoroskop 33: Wo ist der Schlüssel?

Schritt 5: Die Signifikatoren

- Die Fragestellerin ist Jupiter, weil der Aszendent im Schützen steht.
- Der gesuchte Schlüssel ist Jupiter, weil das dritte Haus in den Fischen beginnt. Dann haben wir jedoch ein Problem, weil Jupiter schon für die Fragestellerin vergeben ist. Also habe ich mir gedacht, es ist ja der Schlüssel zur Arbeit, damit das *abgeleitete* dritte Haus vom Haus zehn (Haus der Arbeit). Dann kommen wir zum Haus 12, und dort herrscht auch wieder der Jupiter (Spitze des 12. Hauses im Schützen).

Als nächste Möglichkeit kommt der eingeschlossene Steinbock im ersten Haus und damit der Saturn als Signifikator für die Frau in Betracht.

Viel naheliegender ist jedoch, weil vom Horoskop geführt, den Merkur als Verwandtschaftsplaneten für den gesuchten Schlüssel zu nehmen: Merkur steht in Kon-

junktion mit der Sonne, ist also durch die Sonne verdeckt, und steht an der Spitze des zweiten Hauses, des Besitzhauses der Fragestellerin.
- Wie immer ist der Mond natürlicher Signifikator für das Gesuchte.

Schritt 6: Checkliste

(a) ↓ Weder der Mond noch der Merkur stehen in einem Eckhaus.
(b) ↑ Die Konjunktion des Mondes zum Jupiter ist separativ. Dagegen appliziert der Merkur den Jupiter im Quadrat.
(c) ↓ Jupiter und Merkur sind direktläufig.
(d) ↑ Das zweite Haus beginnt im Wassermann, also ist der Herrscher dieses Hauses der Saturn. Merkur wird eine Opposition zu diesem Planeten machen. Die Gegenantiszie des Mondes fällt auf gut siebeneinhalb Grad in den Löwen. Durch seine andauernde Rückläufigkeit erreicht Saturn diese Gegenantiszie.
(e) ↓ Zwischen Mond und Sonne gibt es keinen Aspekt.
(f) ↓ Zwischen Mond und Merkur wird es keinen Aspekt geben.
(g) ↑ Zumindest der Mond steht über dem Horizont.
(h) ↓ Der Mond steht im Skorpion, also ist sein Dispositor der Mars. Die Opposition zwischen den beiden Planeten ist separativ.
(i) ↑ Merkur macht eine enge Konjunktion zur zweiten Hausspitze.

Nach einer Schnellanalyse teilte ich der Frau mit, dass sie den Schlüssel wiederfinden würde. Über das Wo hatten wir uns gar nicht mehr ausführlich unterhalten.

Doch **tatsächlich** tauchte der Schlüssel zur Arbeitsstelle nie mehr auf. Warum?

Dank eines Gespräches, wieder mit Kolleginnen und Kollegen, wurde mir deutlich: Ich hatte mich gegen meine eigene Empfehlung verhalten, mich vom Horoskop führen zu lassen: Die Konjunktion des Merkur mit der Sonne ist eng und applikativ, Merkur als Hauptsignifikator für den Schlüssel ist also verbrannt.

Lösung zum Übungshoroskop 34: Wo ist mein Autoschlüssel?

Schritt 5: Die Signifikatoren

- Die Fragesteller ist der Merkur, weil der Aszendent in der Jungfrau steht.
- Der gesuchte Autoschlüssel findet sich im dritten Haus. Dort herrscht die Venus (Hausspitze drei in der Waage).

Doch sich vom Horoskop führen zu lassen ist immer das Wichtigste! Hier steht der Mars, der aus dem vierten Haus kommt, noch prominent im 10. Haus, also in der Nähe des MC. Das vierte Haus steht auch für die verborgenen Schätze (IC im Skorpion). Also drängte sich mir auf, nicht das dritte Haus für den gesuchten Autoschlüssel zu nehmen, sondern das vierte Haus. Daher nahm ich Mars als den Hauptsignifikator für den gesuchten Autoschlüssel.

Im Übrigen ist das eine Zuordnung, die aus der indischen Astrologie kommt. Dort gehören Fahrzeuge in das vierte Haus, weil Autos für Inder das »fahrende Heim« sind. Daran erinnerte ich mich in dieser Situation.

- Der Mond ist natürlicher Signifikator für den gesuchten Schlüssel.

Schritt 6: Checkliste

(a) ↑ Wegen der obigen Zuordnung des Hauptsignifikators für den gesuchten Autoschlüssel steht damit der Mars in einem Eckhaus.
(b) ↓ Merkur wird keinen Aspekt zum Mars machen und auch keinen Aspekt vom Mond bekommen.
(c) ↓ Der Mars ist nicht rückläufig.
(d) ↓ Der Herrscher des zweiten Hauses ist auch der Merkur: siehe b).
(e) ↓ Der Mond macht keinen Aspekt zur Sonne im aktuellen Tierkreiszeichen.
(f) ↑ Mond und Mars applizieren sich im Sextil.
(g) ↑ Beide Hauptlichter stehen über dem Horizont.
(h) ↓ Der Mond steht in den Fischen, also ist sein Dispositor Jupiter. Zu diesem Planeten gibt es keinen Aspekt.
(i) ↑ Der Signifikator Mars hat keinen engen Aspekt zum Aszendenten oder zur zweiten Hausspitze. Jedoch steht der Mond noch eng, wenn auch schon 3 Grad entfernt, an der Hausspitze acht, macht also eine Opposition zu der Hausspitze zwei.

Die enge applikative Konjunktion des Mondes zur Sonne, die normalerweise als Verbrennung gilt, zählt hier deshalb nicht, weil beide Planeten sich in unterschiedlichen Tierkreiszeichen befinden.

Das Ergebnis:

Der Autoschlüssel wird auf jeden Fall wiedergefunden werden.

Schritt 7: Selbst suchen oder gefunden werden?

Die Frau kann selbst zur Suche beitragen, weil Merkur schneller ist als der Mars. Dem steht entgegen, dass der Mond eng an der Sonne steht, die aktive Suche deshalb nur schwerlich zum Erfolg führen wird.

Schritt 8: Die Örtlichkeiten für das Gesuchte

Mars steht in einem Erdzeichen, der Mond in einem Wasserzeichen. Damit wird der gesuchte Autoschlüssel am Boden oder an Plätzen liegen, wo es nicht unbedingt trocken ist.

Schritt 9: Die Himmelsrichtungen für das Gesuchte

Mit dem Stand des Mars in einem Eckhaus wird der Schlüssel nicht weit weg sein. Mit Mars im Haus 10 nahm ich eine südliche Richtung an.

Schritt 10: Eingeschlossene Zeichen und wechselseitige Rezeptionen

Das Zeichen Schütze ist im vierten Haus eingeschlossen. So wird es wohl auch dem Autoschlüssel gehen: »eingeschlossen«.

Schritt 11: Langsamläufer

Uranus steht prominent am Deszendenten, es wird also eine nach der bisherigen Analyse auch positive Überraschung geben. Für mich stand damals die Möglichkeit im Raum, ob nicht jemand anderes diesen Schlüssel überraschend wiederfinden wird. Der Deszendent in den Fischen macht den Jupiter zum Signifikator für einen anderen Menschen, der in Verbindung mit der Überraschung (Uranus) den Schlüssel wiederbringen könnte. Jupiter ist zudem rückläufig.

Schritt 12: Mondknotenachse

Fehlanzeige.

Endergebnis der Analyse:

Der Autoschlüssel ist in der Nähe der Fragestellerin und wird ganz überraschend wieder auftauchen, vielleicht auch durch jemand anderes gefunden werden.

Was geschah tatsächlich?

Die Dame fand ihren Autoschlüssel knapp vier Wochen nach der Frage zufälligerweise selbst wieder. Er lag unter einer Malerabdeckplane auf der Terrasse ihres Hauses. Das war also die Überraschung und nicht eine fremde Person. Diese Plane lag in südsüdwestlicher Richtung des Anwesens.

Nachtrag:

Wenn Sie als Hauptsignifikator für den Autoschlüssel die Venus (Autoschlüssel in seiner Funktionalität) als Herrscherin des dritten Hauses genommen hätten, wären die wichtigsten ersten drei Indikatoren negativ gewesen, und auch sonst wäre es nur unter Zuhilfenahme des Uranus am DC möglich gewesen, eine Tendenz zum Wiederfinden des Autoschlüssels anzugeben.

Analyseinstrumente

Auf den folgenden Seiten habe ich Ihnen alle Analyseinstrumente in übersichtlicher Form zusammengefasst. Sie können diese Seiten kopieren und damit bei der Bearbeitung der Suchhoroskope einsetzen.

Die Zuordnung der Signifikatoren zu den Häusern bei Suchfragen

Haus	Zuordnung
1	*Der oder die Fragende*
2	Persönliche Gegenstände, persönlicher Besitz, alle Arten von Schmuck und Wertgegenständen, Einkommen, Geld, unbelebte Gegenstände allgemein bei Suchfragen. Belebte Dinge wie z.B. Tiere sind im Haus sechs (kleine Tiere) oder im Haus 12 (große Tiere)
3	Transportmittel (Autos, Busse, Fahrräder usw.); alles was mit Schrift im engeren und mit Kommunikation im weiteren Sinn zu tun hat samt der entsprechenden Kommunikationsmittel (Telefon, Telegramme, Briefe, Bücher, Zeitungen, Radio, Fernsehen, Computer), Dokumente, Schlüssel. Geschwister, Verwandte (Eltern ausgeschlossen, die gehören ins vierte Haus), Nachbarn (auch im Haus 7), Gegenstände in ihrer Funktion für das tägliche Leben

4	Die Eltern, insbesondere der Vater (es kann auch schon mal die Mutter sein, zum richtigen Signifikator führt das Stundenhoroskop), die Wohnung, die Immobilie, gesuchte Gegenstände im Sinne »verborgener Besitztümer«
5	Kinder, Spekulationsgeschäfte wie Aktien oder Optionen, Schmuck, Luxusobjekte
6	Die kleineren Haustiere (Hunde, Katzen, Schildkröten, Kanarienvögel usw.), Bedienstete und Angestellte, Untermieter, Werkzeuge, jede Art von Arbeitsgeräten
7	Alle Partner, ob nun Lebenspartner, Ehepartner, Geschäftspartner, Vertragspartner, Prozessgegner, usw. Alle Personen oder Parteien, die wir sonst keinem Haus im Stundenhoroskop zuordnen können; Kollegen (wenn Sie unsere Freunde sind, dann gehören sie ins 11. Haus), Menschen, die wir als »Feinde« einstufen, also mögliche Diebe; Nachbarn (auch im Haus 3)
8	Der Besitz der Anderen in jeder Form (Geld oder Gegenstände), also auch Kredite (Geld der Anderen), Erbschaften, Schulden, Darlehen, Testamente
9	Ausländer, Forschungsreisende, Philosophen, Ausbilder, Anwälte, Heilpraktiker
10	Die Mutter (kann auch schon mal der Vater sein, das wird das Horoskop zeigen), der Beruf, die Geschäfte, der Staatsführer, die Richter, alle Arten von Autoritäten, Prüfungen
11	Freunde, Vereine
12	Größere Nutztiere wie Pferde, Kühe usw., Exil. Geheimnisse, Gefängnisse, Krankenhäuser, Kloster, heimliche Feinde

Verwandtschaftsplaneten

Verwandt-schafts-planet	Gegenstände	Personen	Farben
Mond	Natürlicher Signifikator für den gesuchten Gegenstand; silbrige Gegenstände. Edelstein: Mondstein, weiße Perle	Natürlicher Signifikator für das gesuchte Objekt, die gesuchte Person oder das gesuchte Tier; Haushaltsgegenstände	Helle Farben oder Weiß
Merkur	Schriftstücke jeglicher Art (Dokumente, Autopapiere, Bücher etc.), Schreibutensilien; Schlüssel; Verkehrsmittel, Edelstein: Achat	Potentielle Diebe	Gelb, helles Grau oder Opaltöne
Venus	Schmuckstücke jeglicher Art, Einrichtungsgegenstände, Geld; Edelstein: Aquamarin	Weibliche Personen	Dunkelrot, Kupferfarbe, grüne Schattierungen, Rosa und helles Blau

Sonne	Goldene Gegenstände, Edelstein: Diamant oder Topas	Männliche Personen	Gold, Orangerot, auf jeden Fall klar und hell
Mars	Scharfkantige beziehungsweise spitze und metallische Gegenstände, kleine Behältnisse; Edelstein: Saphir oder Rubin	Männliche Personen	Knalliges Rot, alle metallischen, rostroten Farben
Jupiter	Große Gegenstände; Edelstein: Topas	Ausbilder in allen Varianten, Juristen	Purpur, Violett, Blaurot
Saturn	Schwere Gegenstände; Edelstein: schwarze Perlen	Menschen mit Autorität von Amts wegen	Schwarz Grau, Dunkelblau

Planeten im Domizil und in der Erhöhung

Tierkreiszeichen	Planet im Domizil	Planet in Erhöhung
Widder	♂	☉
Stier	♀	☽
Zwillinge	☿	-
Krebs	☽	♃
Löwe	☉	-
Jungfrau	☿	☿
Waage	♀	♄
Skorpion	♂	-
Schütze	♃	-
Steinbock	♄	♂
Wassermann	♄	-
Fische	♃	♀

Zusammenfassung der zwölf Schritte bei Suchfragen

Schritt 1: Die Fragestellung → Klare Fragestellung; dabei sind die Hintergrundinformationen zur Frage wichtig

Schritt 2: Der Zeitpunkt der Frage → Wenn die Frage ausgesprochen wird, ist sie geboren

Schritt 3: Der Ort der Fragestellung → der Ort, an dem die Frage gestellt oder entgegengenommen wird

Schritt 4: Die Erstellung des Suchhoroskops → mit eigenem Astrologieprogramm oder aus dem Internet

Schritt 5: Die Signifikatoren → Zuordnung der Planeten im Horoskop zur Fragestellung; den Mond und die Verwandtschaftsplaneten nicht vergessen.

Schritt 6: Die Checkliste → überprüfen, ob der jeweilige Punkt erfüllt ↑ oder nicht erfüllt ↓ ist. Unbedingt immer die Ephemeriden zur Hand nehmen beziehungsweise auf entsprechenden Webseiten im Internet verfolgen!

Schritt 7: Selbst suchen oder gefunden werden? → Sind die Signifikatoren für das Gesuchte oder für den Sucher schneller?

Schritt 8: Die Örtlichkeiten für das Gesuchte → am Boden oder oben oder ... ?

Schritt 9: Die Himmelsrichtungen für das Gesuchte → In welcher der vier Himmelsrichtungen können wir fündig werden?

Schritt 10: Eingeschlossene Zeichen und wechselseitige Rezeptionen → Ist das Gesuchte an einem Platz, wo es nicht hingehört beziehungsweise eingeschlossen ist?

Schritt 11: Langsamläufer → Stehen Uranus, Neptun oder Pluto an einer der vier Hauptachsen, an der Spitze eines wichtigen Hauses oder in enger Konjunktion mit einem Signifikator?

Schritt 12: Mondknotenachse → Stehen der auf- bzw. absteigende Mondknoten an einer der vier Hauptachsen, an der Spitze eines wichtigen Hauses oder in enger Konjunktion mit einem Signifikator?

Findet sich das Gesuchte wieder? – Die Checkliste

Das Gesuchte wird bei Erfüllung von mindestens einer der folgenden Bedingungen wieder gefunden:

(a) Signifikator für das Gesuchte im Eckhaus
(b) Applikativer Aspekt zwischen Sucher und Gesuchtem
(c) Rückläufigkeit eines Signifikators für das Gesuchte.

Falls keiner der Punkte (a) bis (c) erfüllt ist, wird das Gesuchte auch bei Erfüllung von zwei oder mehr der folgenden Bedingungen wieder gefunden:

(d) Applikativer Aspekt zwischen dem Herrscher des Besitzhauses zwei und dem Gesuchten
(e) Applikatives Sextil oder Trigon des Mondes zur Sonne
(f) Applikativer Aspekt zwischen dem Mond und einem Signifikator für das Gesuchte
(g) Mond oder/und Sonne über dem Horizont
(h) Applikativer Aspekt des Mondes zu seinem Dispositor
(i) Enger Aspekt des Gesuchten zum AC oder zum Herrscher des zweiten Hauses.

Das Gesuchte wird nicht mehr wieder gefunden, falls

- a) bis c) nicht erfüllt ist und nur einer der Punkte d) bis i) positiv ausfällt oder
- der Hauptsignifikator für das Gesuchte von der Sonne durch eine applikative Konjunktion verbrannt wird. Die Verbrennung durch die Sonne ist kein Hindernis, wenn die Sonne selbst Signifikator für das Gesuchte oder für den Sucher ist.

Wo finden wir das Gesuchte?

Element des Tierkreiszeichen	Feuer	Erde	Luft	Wasser
Eigenschaft des Ortes	warm	kalt	offen	feucht
Position	mittig	unten	oben	unten

Häuser	1, 4, 7, 10		2, 5, 8, 11	3, 6, 9, 12
Qualität	Eckhäuser		Mittelhäuser	Fallende Häuser
Entfernung vom Sucher	Nah, falls in enger Konjunktion mit einer Hauptachse		Unklar	Weiter weg

Haus	Himmelsrichtung
1	Osten
2	Nord-Ost
3	Nord-Nord-Ost
4	Norden
5	Nord-West
6	Westen
7	Westen
8	Südwest
9	Süd-Süd-West
10	Süden
11	Süd-Osten
12	Osten

Danksagung

Mein Dank gilt meinen Klienten und Kunden. Ohne sie hätte dieses Buch kein Leben, wäre die Stundenastrologie nur ein theoretisches Gerüst. Das Vertrauen der vielen Menschen berührt mich und dafür möchte ich allen danken.

Ich danke der Fachlektorin Marianne Deubel. Durch ihre klugen Bemerkungen ist das Buch geschmeidiger geworden. Die Verbindung von Leichtigkeit und Sachkunde in der Zusammenarbeit mit ihr ist mir eine große Freude gewesen.

Dem Verleger Reinhardt Stiehle möchte ich für seine unkomplizierte Art danken. Mit sanfter Bestimmtheit hat er mir beim »In- und Outfit« des Buches Änderungen plausibel gemacht, so dass dieses Werk die angemessene Form gefunden hat.

Schließlich möchte ich meiner Ehefrau Karin Hoyer danken. Ihr ungeschminktes Feedback und ihr Humor waren mir beim Schreiben die Unterstützung, um mir treu zu bleiben und den Weg zu gehen, der sich für mich stimmig anfühlt.

Über den Autor

Emil Schmidt, Dipl.-Mathematiker und Philosophielehrer, arbeitet seit über 20 Jahren als Stundenastrologe. Er ist geprüfter Astrologe des Deutschen Astrologenverbandes (DAV) und Mitglied im Berufsverband für Training – Organisationsberatung – Coaching e.V. (T.O.C.). Seit 1999 gibt er jährlich. den Mondkalender »*Der gute Rat – Tag für Tag*« heraus. Die vielfältigen Fortbildungen, u.a. in Konzepten des Life Energy Process (L.E.P.), ermöglichen es dem Autor, seine spezielle Form der Astrologie in einen größeren Kontext einzuordnen. Hauptmotiv und Orientierung sind für ihn dabei das Vertrauen in ein größeres Ganzes und der Weg zum Selbst.

AstrocoachingSchmidt

Als Mathematiker hat Emil Schmidt die Erfahrung machen dürfen, dass auch alles Irrationale und Nichtkausale seinen Wert im Leben besitzt. Die Gesetze der Logik und Rationalität verbinden sich bei ihm mit den Künsten der klassischen und der modernen Astrologie zu einer besonderen Form des Astrocoaching.

Nach seiner Erfahrung ist dabei die Stärkung der inneren Stimme beim Kunden wesentlich. Letztlich weiß der Mensch schon, was für ihn stimmig oder was für ihn unangemessen ist. Irritationen und Verunsicherungen, Einflüsse von außen oder Ängste haben den Zugang zur inneren Weisheit verdeckt. Die Stundenastrologie ist eine wunderbare Möglichkeit, diesen Zugang wieder freizulegen. Mit der Antwort des Stundenastrologen – die nach Erfahrung von Emil Schmidt auf einer tieferen Ebene die »schon gewusste« Antwort des Fragestellers ist – kann der Mensch seinen Weg wieder selbst gehen und die notwendigen Entscheidungen treffen. Er erkennt seine Beweggründe und Handlungen als zu ihm gehörig.

Um die Fragestellenden bei der Gestaltung eines sinnstiftenden Lebens und eines erfüllenden Daseins bestmöglich zu unterstützen, nutzt der Autor die Prozesserforschung als Teil des Astrocoaching.

Bis auf weiteres können Sie per E-Mail unter
bestellung-eBook+newsletter@astrocoachingschmidt.de
ein 45-seitiges kostenloses eBook zu »*Erfahrungsberichte aus 20 Jahren Astrocoaching*« bestellen und sich dabei gleichzeitig in den ebenfalls kostenlosen Newsletter von AstrocoachingSchmidt eintragen lassen. Natürlich können Sie sich auch nur im Verteiler für den Newsletter registrieren lassen mit eMail an

newsletter@astrocoachingschmidt.de

Sie bekommen so monatlich Spannendes rund um Astrocoaching, Astronomie und darüber hinaus. Mit dem *Newsletter* sind Sie zudem immer über die Veranstaltungen des Autors auf dem Laufenden. Emil Schmidt unterrichtet sowohl Gruppen wie Einzelpersonen, auch online unter Einsatz moderner Technologien.

Besuchen Sie seine laufend aktualisierte Website
www.astrocoachingschmidt.de
oder wenden Sie sich per Mail an:
info@astrocoachingschmidt.de

Weitere Bücher von astronova

PETRA NIEHAUS UND INGRID WERNER
Astrologie als lebendige Erfahrung
Vom kreativen Umgang mit den inneren Anteilen - Ein astrologisches Übungsbuch
232 Seiten, großes Format, Spiralbindung
ISBN 978-3-937077-27-7

Das bislang ausführlichste Handbuch zur erfahrbaren Astrologie! Jedem Planeten, Zeichen, Haus und Aspekt wird ein Kapitel gewidmet. Innerhalb dieser Kapitel gibt es einen einführenden Text. Danach schließen sich Übungen an, die es ermöglichen, die Energien auf verschiedenen Ebenen kennen zu lernen und zu erfahren. Körperübungen werden genauso angeboten wie Begegnungs- und Kommunikationsübungen, Rollenspiele, Malerei, Schreiben, Meditation, Reflexion und Fantasiereisen. Eine wahre Fundgrube mit 400 Übungen und eine Bereicherung für jeden unterrichtenden Astrologen.

„Es liegt uns hier ein bunter Frühjahrsstrauß an Möglichkeiten vor, die Astrologie mit allen Sinnen zu erfahren. Und nun braucht es nur noch Initiative und etwas Mut, um diese Erfahrungen alleine oder in einer Gruppe selber zu machen."
Astrologie Heute Nr. 132

Weitere Bücher von astronova

Martin A. Banger
Astrologie und Karriere
Anleitung für Ihren Erfolg
188 Seiten, Paperback, 20 Abbildungen
ISBN 978-3-937077-37-6

Erfolg ist nicht etwas von uns Losgelöstes, sondern steht immer im Zusammenhang mit der Entwicklung der eigenen Person. Dieses Übungsbuch hilft Ihnen, die innere Dynamik zu erkennen mit einer Auswertung des Elemente-Typs, dem Aufdecken des inneren Gegenspielers, dem persönlichen Sonnenjahr sowie den Häusertransiten der langsamen Planeten. Sie lernen nicht nur Ihre Stärken und Schwächen kennen, sondern sehen auch, wie sich Ihr Erfolg mittelfristig oder über einen längeren Zeitraum gestalten wird. Ihr Horoskop zeigt, was Erfolg für Sie bedeutet, wie Ihr Weg zum Erfolg aussieht und auch, mit welchen inneren Schwierigkeiten Sie konfrontiert werden, wenn Sie sich selbständig machen.

„Die von ihm vorgestellten Übungen und Interpretationen – Bestimmung des eigenen Elemente-Typs, Rollenspiele im Sinne der Gestaltpsychologie nach Fritz Perls, die Bedeutung der Zeitqualitäten im Jahreslauf der Sonne und der Planeten von Jupiter bis Pluto durch die Häuser – mögen für einen ausgebildeten Astrologen leicht nachvollziehbar und anwendbar sein."
Astrologie Heute Nr. 141

Weitere Bücher von astronova

Horst Bredthauer
Die vier Grundtypen der Persönlichkeit im Horoskop
Persönlichkeit als Balanceakt der vier Elemente
380 Seiten, Paperback, 15 Abbildungen
ISBN 978-3-937077-35-2

Ausgehend vom männlichen und weiblichen Prinzip, das er eingehend in Mythologie, Psychologie und Philosophie untersucht, erläutert der Autor, wie sich dies auf die Entwicklung der Persönlichkeit auswirkt (Puer- und Senex-Typ). Im nächsten Schritt werden die vier Elemente und die vier Temperamente, aber auch neuere Typenlehren wie die von C.G. Jung oder Kretschmer vorgestellt und astrologisch erklärt. In einem großen Bogen beschreibt der Autor, wie die vier elementaren Kräfte für die Grundfunktionen der Persönlichkeit stehen und welche wichtige Rolle ihnen bei der Deutung eines Horoskops zukommt.

„Um nur annähernd den gleichen Kenntnis- und Erkenntnisstand wie nach einer sorgfältigen Lektüre dieses Buches zu erreichen, müssten Sie grob geschätzt 30 andere Bücher lesen."
Astrologie Heute Nr. 139

Weitere Bücher von astronova

NORBERT GIESOW
Astrologie und Buddhismus
Erleuchtung und Erkenntnis im Horoskop
244 Seiten, 13 Abbildungen
ISBN 978-3-937077-28-4

Der tiefere Sinn des Lebens erschließt sich uns aus dem Wissen darum, wer wir in Wirklichkeit sind. Dieser Prozess wird Erleuchtung genannt. In diesem Buch wird auf die Erleuchtung eingegangen sowie die Verbindung zur Astrologie hergestellt. Dieses Bindeglied findet sich im Tierkreiszeichen der Fische und dem Planeten Neptun, dessen Wirkung als Transit durch die Häuser und in Kombination mit allen anderen Planeten ausführlich dargestellt wird. Die spirituelle Sicht der Astrologie wird anhand der Grundaussagen des Buddhismus beschrieben. Von den edlen vier Wahrheiten über den edlen achtfachen Pfad im Buddhismus werden die Verbindungen zur Astrologie deutlich gemacht. Abgerundet wird das Werk durch eine konkrete Beschreibung der Möglichkeit zur Befreiung durch die Überwindung des Horoskops.

„Astrologie und Buddhismus ist eine beeindruckende spirituelle Annäherung an das Prinzip Neptun. ... Die Lektüre lohnt!"
sternzeit Nr. 35

Weitere Bücher von astronova

Hans Hermann Delz
Astronomie für Astrologen
Astronomische Grundlagen – Himmelsmechanik –
Astrologische Berechnungen
123 Seiten, Großformat, zahlreiche Abbildungen, mit
Software CD-ROM „Das kleine Planetarium"
ISBN 978-3-937077-04-8

Der Autor geht auf alle Erscheinungen am Himmel ein und stellt diese aus einem für die Astrologie wichtigen Blickwinkel vor. Damit schließt er die Lücke zwischen astrologischer Deutung und astronomischer Berechnung. Zu den Themen gehören u.a.
- Koordinatensysteme
- Datum und Kalender
- Bau des Planetensystems
- Die Keplerschen Gesetze
- Die Bahnelemente der Planeten
- Horoskopberechnung
- Zeitliche Auslösungen
- Koordinaten und Planetenbögen
- Häusersysteme
- Astro*Carto*Graphie
- Tabellarischer Anhang

„Kurzum: Wer sich nicht nur auf sein Bauchgefühl verlassen möchte, wer sein Radix als Abbild eines Naturzustandes erkennen möchte, wer Astrologie aus der Anschauung heraus verstehen will, dem sei dieses Buch wärmstens empfohlen."
Meridian 2/2004

Weitere Bücher von astronova

ROBERT POWELL
Kosmischer Tanz der Planeten
234 Seiten, Großformat, zahlreiche Abbildungen
ISBN 978-3-937077-32-1

Was dieses Buch für jeden Astrologen so wertvoll macht, ist die vielfältige Materialsammlung zu den einzelnen Planeten. Die Erforschung beginnt zunächst mit den formgebenden Eigenschaften der Planeten, die sich in Gesten und Lauten ausdrücken; die weitere Erforschung sucht dann ein Verständnis für die Spiegelung im physischen Organismus; dann folgen die astralen Realitäten, die sich im psychischen Bereich zeigen und zu Hinweisen auf die seelische Entwicklung führen. Schließlich folgt für jeden einzelnen Planeten eine Betrachtung vom wissenschaftlichen und astronomischen Standpunkt. So entfalten sich die Facetten zu einem Bild, das für jeden einzelnen Planeten die vielen Samen ans Licht bringt, die in der ganzen Schöpfung eine gestaltende und belebende Rolle spielen.

„Ein vergleichbares Wissen eröffnet sich aber auch denjenigen, deren astrologische Orientierung anders ausgerichtet ist. Auch sie finden in den vielfältigen Verweisen auf Mythen und Analogien zu Göttergestalten eine Fülle anregender Gedanken in Bezug auf eine neue und vor allem auch andere Betrachtungsweise der sieben klassischen Planeten."

Astrologie Heute Nr. 137